le bonheur
de vivre

JEAN MUS

joyful living

À ma fille, Florence
To my daughter, Florence

le bonheur
de vivre

JEAN MUS

Texte / *Text* **Dane McDowell**
Photographies / *Photographs* **Matteo Carassale**

SKIRA

joyful living

Cette préface est un prélude à la découverte de la passion dévorante que Jean Mus éprouve pour la nature…

Au fil des pages, nous plongeons dans un univers verdoyant, où l'art du jardinage devient une véritable philosophie de vie.

De la délicatesse d'un parterre de roses à la majesté d'un olivier centenaire, la lecture de cet ouvrage n'est pas seulement une exploration des jardins, mais un voyage empreint des émotions que peut susciter la nature.

Préparez-vous à être inspiré par un homme qui, à travers son amour des plantes, nous rappelle que la beauté réside dans la simplicité et l'harmonie.

Je m'en suis remise à l'esprit créatif de Jean pour le réaménagement de mon jardin et je le remercie pour son magnifique travail et son amitié.

This preface is a prelude to your first encounter with Jean Mus's all-encompassing passion for nature.

Each chapter whisks you into a lush, green world where the art of gardening becomes a philosophy to live by.

From the delicacy of a rose bed to the majesty of an olive tree standing for centuries, Jean Mus invites you not just to explore the world of garden design, but to join him on a journey filled with emotions prompted by nature.

You will be inspired by a man whose love of plants is a constant reminder that true beauty lies in simplicity and harmony.

I placed my own garden in Jean's creative hands and I thank him sincerely for his superb work – and his friendship.

Marina Picasso

10
Le bonheur de vivre
selon Jean Mus

22
Le bonheur
du jardinier

44
Jardins d'ailleurs

56
La Méditerranée
en partage

82
La palette
de Jean Mus

106
Un romantisme
joyeux

156
Le grand paysage

178
Un art de vivre
épanoui

10
Joyful living
Jean Mus

22
The gardener's delight

44
Gardens around the world

56
Sharing the Mediterranean

82
Jean Mus's palette

106
The joy of romance

156
Grand landscapes

178
A life well lived

Le bonheur de vivre
selon Jean Mus

Le matin, quand j'ouvre les yeux, je sais qu'il fera beau parce qu'un rai de lumière s'est glissé sur les tomettes de ma chambre. En poussant les persiennes, je hume avec gourmandise les premières senteurs du jardin ; chèvrefeuille, jasmin, pittosporum et, déjà, un léger parfum de rose.

Alors, je pense aux mots d'un Aixois célèbre, Paul Cézanne. « Il y a de la tristesse en Provence, écrivait-il, que personne n'a exprimée… J'aimerais ajouter des larmes dans le ciel, à la manière de Poussin. » Cette phrase me tarabuste, car je ne parviens pas à déceler le moindre soupçon de tristesse dans le paysage provençal. Comment la symphonie de bleus, de verts et d'ors, ponctuée par des roses tendres, des blancs nacrés, et de quelques touches de rouge pourrait-elle engendrer de la mélancolie ? À en croire les critiques d'art, les paysages de Cézanne sont transfigurés par l'idée de la mort. Pour moi, c'est tout le contraire ! La nature, c'est la vie, le renouveau promis et offert comme une bénédiction. Chaque matin, c'est un sentiment de félicité qui m'envahit. Je laisse la lumière blonde caresser mes bras et, du regard, je cherche les oliviers. Noueux, tordus, tourmentés par le mistral, ils sont là depuis des siècles. Ce sont les seigneurs de ma colline et je sais qu'ils m'attendent. Il arrive qu'une abeille, enivrée par l'odeur du jasmin, s'aventure dans ma chambre. Son insolence et l'éclat mordoré de sa robe me ravissent. Ira-t-elle s'enfouir au cœur d'une de mes roses ou retrouver, un peu plus bas, le tapis de lavande ? Combien de temps notre Provence saura-t-elle protéger ces milliers d'ouvrières ailées grâce auxquelles nous nous nourrissons ? Me vient à l'esprit une conférence que j'ai donnée au Sénat en décembre 2024 pour prendre leur défense, quelques années après l'inscription de la Ville de Grasse au patrimoine mondial de l'Unesco. Je me dis que j'ai vécu à une époque bénie où j'ai pu exercer le plus beau métier du monde, celui de jardiner.

L'image de mon père, André Mus, surgit. De nouveau, l'émotion me gagne. J'ai adopté ses gestes, la façon dont il taille les arbustes et veille sur les jeunes pousses. Il m'a transmis son savoir en matière d'horticulture, sa connaissance du lieu et des caprices des vents dominants, son respect de la nature, et surtout sa faculté d'émerveillement pour la beauté, où qu'elle se trouve. Dans chaque coin ou recoin du jardin, il me montrait un détail qui lui était précieux et c'est ainsi qu'à travers son regard, j'ai découvert des trésors et appris les leçons les plus précieuses. À son époque déjà, il savait économiser l'eau et se méfiait des engrais chimiques. J'avais l'impression que le jardin lui obéissait, tant sa complicité avec les plantes était incroyable. Aujourd'hui, chez moi, ce sera muni d'un simple tuyau que j'irai rendre visite à mon jardin.

Je serai vite rejoint par une douzaine d'oiseaux. Attirés par l'eau, ils me suivent avec des bruissements d'ailes et des sifflotements qui ressemblent à des rires.

Il n'est pas encore sept heures. Je suis au fond de mon jardin et je me dis : *Oui, je suis un homme heureux !*

Jean Mus

Joyful living
Jean Mus

When I open my eyes in the morning, I know it will be a fine day if a sunbeam has fallen across my tiled bedroom floor. I push open the shutters and greedily drink in the first scents from the garden – honeysuckle, jasmine, mock orange, and, yes, there it is, a faint note of rose.

The words of a famous son of Aix, Paul Cézanne, come to mind. "There is a sadness in Provence that no-one has expressed… I wish I could add tears to the sky, as Poussin might have". The words niggle at me. I've never felt the slightest hint of sadness in the landscapes of Provence. How can this symphony of blues, greens and golds, dotted with tender pinks, pearly whites, and an occasional splash of vibrant red, stir a sense of melancholy? If I take art critics at their word, Cézanne's landscapes are stalked by the spectre of death. But I feel the exact opposite! Nature is life, the promise of a new dawn heralding its blessings. Each morning brings a fresh wave of happiness, washing over me. I let the warm yellow light caress my skin as my gaze seeks out the olive trees. Their knotty, crooked forms, twisted into tormented shapes by the mistral, have stood for centuries. They are the lords of my hill, and I know they are waiting for me. Sometimes a bee bumbles into my room, drunk on jasmine. I thrill at its insolence, the golden shimmer of its fur. Will it nestle in the heart of a rose, or dive into the carpet of lavender? How much longer can our Provence protect the thousands of winged workers who help feed us? I think back to a speech I gave to the French Senate in December 2024 to save the bees, a few years after the town of Grasse was declared a UNESCO World Heritage site. I tell myself I have lived in an age of blessings, and mine is the finest profession in the world. Gardening.

I picture my father, André Mus. Emotion swells in me. My hands move like his in the way he trimmed shrubs and nurtured shoots and saplings. He passed on his horticultural lore, his deep knowledge of this place, the whims of the dominant winds, his abiding love of nature, and above all his capacity for enchantment in beauty, wherever he found it. In each corner of the garden, he would point out a tiny, precious detail, and his gaze taught me to discover treasures and learn the most valuable lessons. Even in his day, he knew how to use water sparingly. His mistrust for chemical fertilisers was instinctive. It felt to me like the garden followed his orders, so deep was his kinship with the plants. Today, at home, I will visit my garden with no more in hand than a hosepipe.

A flurry of a dozen birds will greet me, drawn by the water, fluttering along behind me with rustling wings and whistles that sound like laughter.

It is not quite seven. I am deep in my garden. And I say to myself, "Yes, I am a happy man indeed".

Jean Mus

L'allée des kumquats, jardin de Jean Mus, Cabris, 2025 / The kumquat-lined walk, Jean Mus's garden, Cabris, 2025

page de gauche — L'atelier refuge, jardin de Jean Mus, Cabris, 2025 / left — The private studio, Jean Mus's garden, Cabris, 2025
page suivante — L'empreinte de l'olivier, jardin de Jean Mus, Cabris, 2025 / next page — In the shade of the olive tree, Jean Mus's garden, Cabris, 2025

La valériane s'invite au printemps, jardin de Jean Mus, Cabris, 2025 / Springtime valerian, Jean Mus's garden, Cabris, 2025

page de droite — Le banc des songes, jardin de Jean Mus, Cabris, 2025 / right — A bench for daydreaming, Jean Mus's garden, Cabris, 2025
page suivante — Le soleil se couche avec nos rêves, mas privé, Eygalières, 2025 / next page — The sun sets on our dreams, private mas, Eygalières, 2025

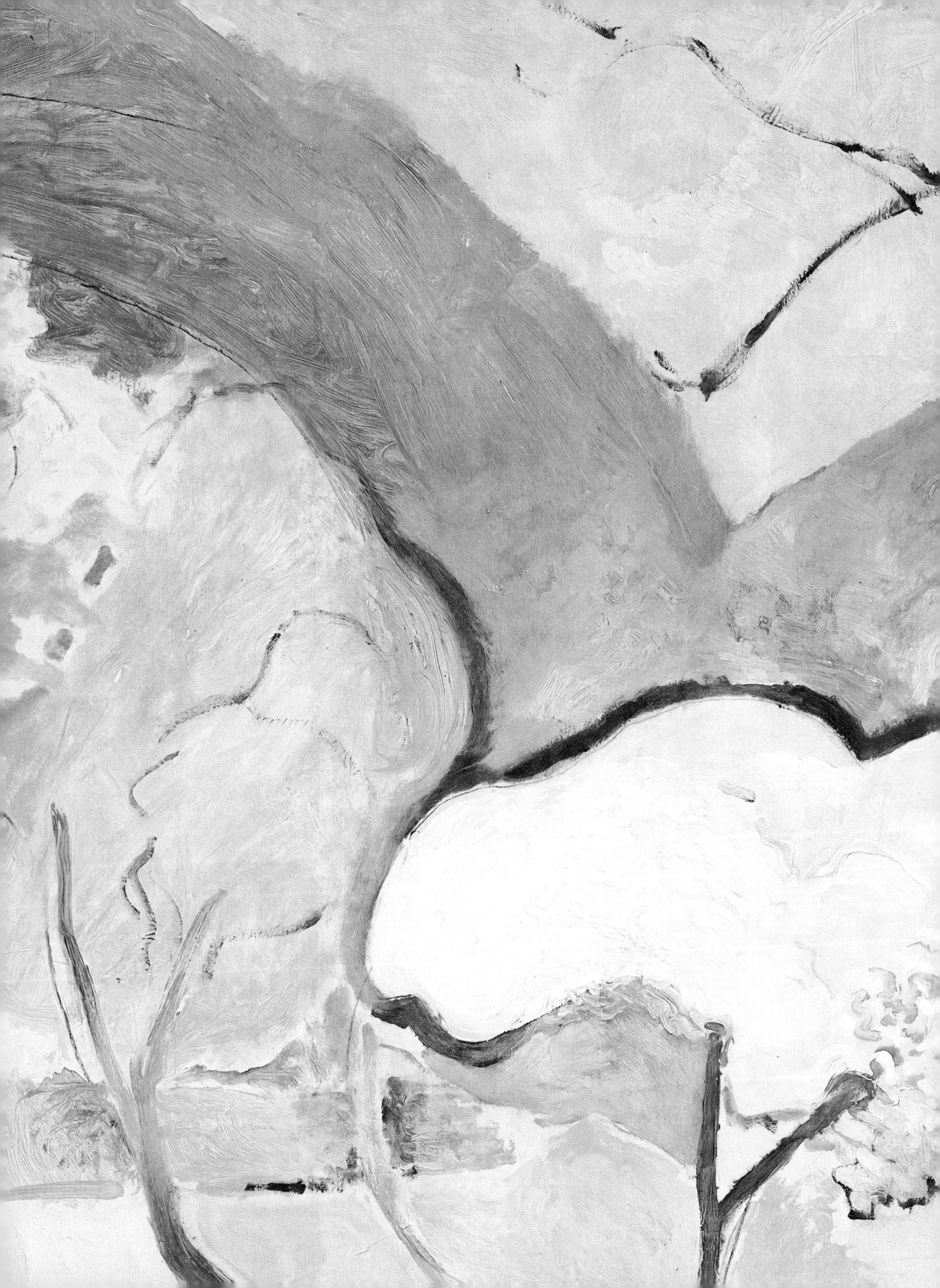

Le bonheur du jardinier

Que de souplesse, de constance et de soins pour apprivoiser la terre ! De quelle patience savante doit faire preuve le jardinier, jour après jour, pour parvenir à transformer une parcelle de terrain en œuvre d'art ?

It takes such give and take, steadfastness, and care to tame the soil! The gardener expends treasures of skill and patience day after day to transform a patch of land into a work of art.

The gardener's delight

L'héritage d'André Le Nôtre

Jean Mus, qui nourrit une immense admiration pour l'œuvre d'André Le Nôtre, aime citer la remarque de Louis XIV à son jardinier : « Le Nôtre, vous êtes un homme heureux. » Sans doute le Roi-Soleil, empêtré dans les guerres de conquête et les intrigues de cour, enviait-il l'existence paisible de Le Nôtre, qui pouvait vivre son rêve sans subir de contraintes. La biographie écrite par Érik Orsenna, *Portrait d'un homme heureux. André Le Nôtre 1613-1700*, en fournit la preuve. Grâce à son ami, le peintre Charles Le Brun, qui le recommande à Nicolas Fouquet, le richissime surintendant des Finances, Le Nôtre crée un premier chef-d'œuvre : les jardins de Vaux-le-Vicomte. Leur tracé obéit au relief du terrain : en aval du château, la perspective sur le grand canal s'inscrit dans cette même logique. « On croit Vaux figé, pétrifié, éternel, alors que ses miroirs d'eau sont les logis favoris de l'éphémère. On le croit rigide, glacé, inhumain, alors que la perspective bien conduite est le plus apaisant des paysages », écrit Érik Orsenna. Mais en 1661, la fortune cesse de sourire à Fouquet. Courroucé et jaloux, Louis XIV le fait arrêter, confisque ses biens et accapare les artistes qui ont œuvré à Vaux pour donner vie à son fantasme : Versailles.

Comment résister à une telle promotion ? Le Nôtre est fou de joie quand il apprend sa nouvelle position : jardinier en chef. La tâche ne sera pas aisée : le domaine est plat et manque d'eau. Qu'importe ! Il invente un univers féerique fondé sur la géométrie dans l'espace et la science hydraulique.

André Le Nôtre's legacy

Jean Mus has boundless admiration for the work of Louis XIV's gardener André Le Nôtre and often quotes his royal master: "Le Nôtre, you are a happy man". The Sun King, trapped in a web of wars of conquest and court intrigue, must have envied Le Nôtre's peaceful life, spent living his dream in unfettered freedom. Érik Orsenna's biography *André Le Nôtre, Gardener to the Sun King* tells the story. On the recommendation of his friend, the artist Charles Le Brun, Le Nôtre came to the attention of Nicolas Fouquet, the immensely wealthy Superintendent of Finances, who hired him for his first masterpiece: the gardens at Vaux-le-Vicomte. Le Nôtre's garden design followed the lie of the land. Facing away from the castle, the view over the grand canal is governed by the same principle. "It is supposed to be a set piece, petrified, unchanging ever, whereas in fact its reflecting water surfaces are the favourite haunts of the ephemeral. It is thought to be rigid, frigid, inhuman, but in fact perspective properly handled is the most comforting of landscapes", in the words of Érik Orsenna. But in 1661, fortune turned her back on Fouquet. A bitterly jealous, angry Louis XIV had him arrested, confiscated everything he owned, and poached the artists who had made Vaux-le-Vicomte to bring his own fantasy to life. Versailles.

How could Le Nôtre resist such a promotion? He was thrilled with his new position as head gardener. It was not an easy job. The land was flat and lacking in water. But it hardly mattered. He conjured up a fairy realm of spatial geometry and hydraulics.

Souvenir des années 1970, le jardin d'un parfumeur, Grasse / Memories of the 1970s, the perfumer's garden, Grasse
page suivante — Le soleil a rendez-vous…, domaine de la Croix, Grasse, 2019 / next page — Greeting the sun, Domaine de la Croix, Grasse, 2019

Désir d'une ouverture, d'un passage,
comme une invitation à découvrir au détour
du chemin la lumière posée sur les feuillages...
Poésie qu'offre Dame Nature,
la muse de mes Compositions.

The urge for an aperture, a passage,
extending an invitation to turn a corner and
encounter the light caressing the leaves...
a gift of poetry from Mother Nature,
the muse of my compositions.

Les leçons de Versailles

Inutile de préciser que Jean Mus a retenu les leçons de Vaux-le-Vicomte et de Versailles. C'est d'ailleurs à Versailles qu'il a fait ses classes, à l'École du paysage et du jardinage. Il s'est toutefois senti comme un étranger devant la rigueur de l'enseignement. Son ami Alain Baraton, responsable du Domaine national de Trianon et du Grand Parc de Versailles, admire Le Nôtre mais ne l'apprécie guère. Dans son livre *Le Jardinier de Versailles*, il l'accuse d'être « plus un architecte qu'un jardinier : il dessine l'espace mais ne le cultive pas. Force est de reconnaître que la part du végétal est relativement restreinte : c'est grand, c'est clinquant, c'est triste. »

« À Versailles, explique Jean Mus, le promeneur est frappé d'admiration, voire de stupeur, par l'étendue, les dimensions pharaoniques des jardins et l'abstraction géométrique du concept. Le plan surprend par son audace ; cette création inouïe au XVIIe siècle comme à l'heure actuelle est à l'image autoritaire de son royal commanditaire. On se rend vite compte que la personne humaine, par sa présence et ses déambulations, dérange le parc où seuls les jets d'eau ne sont pas figés dans une implacable immobilité. »

Orthogonalité, horizontalité et symétrie orchestrées avec rigueur et précision nuisent-elles à un sentiment de bien-être ? L'une des dernières réalisations de Jean Mus prouve que l'on se sent bien dans un jardin qui fait songer à un parc royal. En effet, par ses proportions généreuses et sa magnifique perspective soulignée par un bassin-miroir et fermée par des cyprès, une villa privée à Mougins fait partie des mises en scène préférées de Jean Mus. L'absence de parterres fleuris et de statues met en valeur l'épure de la géométrie. Le visiteur est ébloui par la beauté, le calme et l'harmonie qui règnent d'un bout à l'autre de cette propriété.

Learning from Versailles

Jean Mus studied the masterclasses of Vaux-le-Vicomte and Versailles. In fact, he studied gardening at Versailles in the literal sense, graduating from the École du paysage et du jardinage. The rigid structure of the course felt rather alien to him. His friend Alain Baraton, head gardener at the Trianon and Versailles, admired Le Nôtre but did not warm to his work, accusing him in his book *Le Jardinier de Versailles* of being "An architect more than a gardener: he designed a layout but did not cultivate it. It must be said, plants do not take up much space. It's grand, ostentatious, and rather sad".

"Visitors to Versailles", Jean Mus explains, "are struck with admiration, even stupefaction, by the overweening expanse of the gardens and the geometrical abstraction of the concept. The design is surprisingly bold. It was unprecedented in the seventeenth century and unrivalled today, like the power and authority of the king who commissioned it. You quickly realise that the mere presence of people strolling in the park brings down a design where the fountains are the only elements not frozen in implacable immobility". Do strictly ruled lines and carefully orchestrated horizontality and symmetry detract from a sense of wellbeing? One of Jean Mus's most recent projects proves that it is perfectly possible for a garden designed along the lines of Versailles to foster a sense of happiness. The generous proportions and superb perspectives at a private villa in Mougins, highlighted by a reflective pool framed by towering cypresses, are one of Jean Mus's favourite designs. The lack of flowerbeds and statues foregrounds the garden's clean, streamlined geometry. Visitors are dazzled by the sense of beauty, calm, and harmony that reigns throughout the grounds.

La portée musicale, villa privée, Mougins, 2016 / Garden music, private villa, Mougins, 2016
page suivante — Trait d'eau dans la campagne, villa privée, Mougins, 2022 / next page — A line of water across the land, private villa, Mougins, 2022

L'escalier des reflets, domaine de la Croix, Grasse, 2019 / Reflections on the steps, Domaine de la Croix, Grasse, 2019

page suivante — Un clin d'œil à l'Italie, La Contenta, Grasse, 2025 / next page — A nod to Italy, La Contenta, Grasse, 2025

Les caresses de la lumière, domaine de la Croix, Grasse, 2019 / A caress of light, Domaine de la Croix, Grasse, 2019

Un jardin pour l'éternité

La joie de vivre, Le Nôtre l'éprouvait certainement quand il dessinait ses jardins dans l'intimité de son atelier. Son bonheur, c'était de voir la satisfaction du Roi, et de savoir qu'il avait créé un jardin qui correspondait à l'idée de sa grandeur. Et Jean Mus, qui ne manque pas d'humour, de s'écrier : « À moi aussi, le Roi-Soleil impose ses lois, et avec lui la duchesse de la Pluie et le prince des Vents ! Sans parler de la reine de la Nuit, la Lune ! Comme je l'ai appris en Grèce, on ne peut pas tailler les oliviers sans l'accord de la Lune descendante. Mon client, un armateur aussi fortuné que pressé, a dû s'incliner devant cette évidence ! Je vis et travaille sous la tyrannie des éléments mais, contrairement à Le Nôtre, je ne martyrise pas la nature. Je ne transforme pas mes chantiers en bonsaïs et je comprends le ressentiment de mon ami Alain Baraton. »

Louis XIV avait demandé à Le Nôtre de lui créer un jardin pour l'éternité. C'était loin d'être une requête à prendre à la légère. Un homme d'affaires, aujourd'hui disparu, a formulé une commande similaire à Jean Mus, à une échelle plus modeste, bien entendu. Son souhait : que son domaine de cinq hectares, situé sur une colline de Saint-Paul-de-Vence, affiche une beauté exceptionnelle qui persiste au-delà des limites du temps. Cinquante ans plus tard, la mise en scène si finement calculée de ce jardin continue d'enchanter les visiteurs, qui vont de surprise en surprise au gré du parcours initial tracé par Jean Mus.

La taille de la propriété importe peu : seul compte, pour des années et des siècles à venir, l'art du paysagiste qui sait mettre en valeur le génie du lieu. Les jardins de la villa Contenta, de la bastide de la Croix et beaucoup d'autres en fournissent une preuve éclatante. Chaque jardin est porteur d'éternité et, comme l'écrit le philosophe Michel Foucault, il est « la plus petite parcelle du monde et [...] la totalité du monde[1] ».

Mais pour Jean Mus, le jardin est aussi l'esquisse d'un monde meilleur. Le jardinier tente de mettre en forme un idéal en se réconciliant avec la nature, et de regagner sur terre le paradis perdu. Ainsi, avec son imagination, sa persévérance et son amour, il transforme un lieu donné en une œuvre d'art.

[1]. Michel Foucault, « Des espaces autres », dans *Dits et écrits. 1954-1988*, vol. 4, 1980-1988, Paris, Daniel Defert et François Ewald, 1994, p. 759.

A garden for the ages

Le Nôtre was certainly a happy man when designing gardens in his private studio. What made him happy was seeing the king's delight and knowing he had created a garden that reflected his idea of grandeur. Jean Mus, who has a sharp sense of humour, points out, "I have to follow the laws of the Sun King too – and Duchess Rain and the Prince of Winds! Not to mention the Queen of the Night, the moon. As I learned in Greece, you cannot trim olive trees without the approval of a waning moon. Even my client, a wealthy shipbuilder who was always in a hurry to get on with it, had to give in to nature's demands. I live and work with the tyranny of the elements, but unlike Le Nôtre, I don't torture nature into shape. I don't turn my trees into bonsais and I understand what my friend Alain Baraton means".

Louis XIV asked Le Nôtre to grow him a garden that would go down in the annals of history. It was not a request he took lightly. A businessman, since deceased, made a similar request of Jean Mus – on a smaller scale, of course. His wish was for the beauty of his five-hectare estate on a hillside near Saint-Paul-de-Vence to outlive time itself. Fifty years on, the garden's painstaking staging still has the capacity to astonish and enchant visitors, with a new surprise round every corner on the paths Jean Mus laid out.

In the end, the size of the garden matters little. All that counts, for the decades and centuries to come, is Jean Mus's artistry as a landscaper, and his skill in bringing out the land's intrinsic beauty. The gardens at the Villa Contenta, the Bastide de La Croix, and many others, are proof positive. Each garden is a fragment of eternity, and – in the words of the philosopher Michel Foucault – "the smallest parcel of the world and [...] the totality of the world".[1]

But for Jean Mus, gardens are a sketch, a promise, of a better world. A gardener's role is to try and shape an ideal in dialogue with nature, recreating Paradise Lost on earth. With imaginative flair, perseverance, and love, he transforms the land, its soil and rocks, into a work of art.

[1]. Michel Foucault, "Des espaces autres", in *Dits et écrits. 1954-1988*, vol. 4, 1980-1988 (Paris: Daniel Defert and François Ewald, 1994), p. 759. English translation: "Of other spaces", tr. Jay Miskowiec, https://foucault.info/documents/heterotopia/foucault.heteroTopia.en/

Les restanques nous parlent, domaine de la Croix, Grasse, 2019 / Characterful drystone walls, Domaine de la Croix, Grasse, 2019

La courbe se porte bien, domaine de la Croix, Grasse, 2019 / The line of beauty, Domaine de la Croix, Grasse, 2019
page suivante — Les boules de laurier noble, domaine de la Croix, Grasse, 2019 / next page — Bay laurel, Domaine de la Croix, Grasse, 2019

Jardins d'ailleurs

Pour élargir son expérience et honorer des commandes spéciales, Jean Mus a exploré presque tous les continents. De ses multiples périples, il a rapporté des carnets de notes, des croquis tracés à la hâte et des images plein la tête.

Jean Mus has travelled far and wide to expand his gardening horizons and fulfil special commissions on almost every continent. On his travels, he fills entire notebooks with jottings and quick sketches and returns home bursting with new and exciting images.

Gardens around the world

Un chic *so british*

S'il est constamment entre deux avions, c'est qu'on lui demande d'exporter la Provence à l'étranger. Ce fut le cas pour une importante propriété à Montecito, en Californie, un domaine en Hollande, un bout de jardin en Inde, mais aussi des commandes au Maroc, en Grèce, au Moyen-Orient et beaucoup d'autres aux quatre coins du globe. Toutefois, lorsqu'on lui demande s'il a été influencé par un pays en particulier, Jean Mus évoque en premier les jardins anglais. « Ils m'ont conforté dans la liberté de créer, en m'affranchissant de la règle et du compas ! Je savoure le bonheur de réaliser un jardin en osmose avec la nature. » Quand il se rend à Londres pour donner une conférence aux jardins royaux botaniques de Kew ou pour aller – presque en pèlerinage ! – à la Chelsea Flower Show, il ne manque pas de rendre hommage à ses confrères britanniques pour le rôle qu'ils ont joué dans le sud de la France. C'est aux Anglais, érudits de nature, amoureux des plantes et de la diversité, que l'on doit le grand patrimoine végétal encore présent sur la côte. Les plantes ont été importées par centaines de milliers et les curiosités les plus extravagantes ont connu de vifs succès. Toutefois, Jean Mus préfère les essences indigènes. En cela, il rejoint la philosophie de l'un des plus prestigieux paysagistes anglais, Russell Page. « J'ai apprécié sa remarquable faculté d'adaptation, l'art avec lequel il a tissé des liens entre la tradition anglaise et le goût français. »

Quand Charles de La Haye Jousselin, le petit-fils du vicomte Charles de Noailles, lui a demandé de restaurer les jardins de son grand-père qui était lié d'amitié avec Russell Page, Jean Mus a entrepris les travaux avec un double intérêt : rendre sa beauté à la villa grassoise et étudier de près la réalisation de Charles de Noailles et le style de Russell Page : un élégant mélange de « grand goût » et de cadrages intimistes. « J'ai sauvegardé la plupart des arbres, les collections botaniques, et respecté la merveilleuse architecture théâtrale du jardin. » Jean s'est souvenu des conseils de Russell Page, qui souhaitait qu'un arbre sur cinq fleurisse en blanc.

An English country garden… in France

He spends his days plane-hopping, bringing the flair of Provence to far-flung corners of the world – a large property in Montecito, California, an estate in Holland, gardens in India, Morocco, Greece, and the Middle East. He has worked all around the world. But when asked what country has influenced his outlook most, the one he points to first is England. "English gardens gave me the confidence to be creative and leave the ruler and compass behind! I savour the pleasure of creating a garden in osmosis with nature". Whenever he travels to London, to give a lecture at the Royal Botanic Gardens in Kew or to visit the Chelsea Flower Show – almost a pilgrimage! – he always honours the British gardeners who left their mark in Provence. Their love of nature, plants, and biodiversity is reflected in the superb natural heritage that thrives all along the Côte d'Azur. English gardeners imported hundreds of thousands of plants, and the most extravagant curiosities adapted to the Provençal soil with great success. That said, Jean Mus does prefer native species, sharing the point of view of the great English landscape architect, Russell Page: "I appreciated his remarkable capacity for adaptation and his skill in weaving connections between the English tradition and French tastes".

When Charles de La Haye Jousselin, the grandson of Viscount Charles de Noailles, asked Jean Mus to restore the garden designed for his grandfather by Russell Page, he eagerly agreed, with two aims in mind. The project would allow him not only to restore the beauty of the villa overlooking Grasse, but also to take a close look at the combined styles of the aristocrat and his designer. It was an elegant blend of fine taste and intimate framings. "I saved most of the trees and the botanical collections and I kept the garden's marvellous theatrical architecture". Jean bore in mind Russell Page's rule of thumb that one in five trees should bear white blossom.

L'art topiaire initié par le vicomte de Noailles, villa Noailles, Grasse / Topiary commissioned by the Vicomte de Noailles, Villa Noailles, Grasse

La folie des rosiers de Lady Banks, villa Noailles, Grasse / Lady Banks roses in full bloom, Villa Noailles, Grasse

Influences orientales

Au-delà de l'influence britannique, d'autres commandes ont mené Jean Mus, curieux de nature, à intégrer des éléments issus de cultures lointaines à son travail. Le jardin de Marina Picasso en fournit un parfait exemple. Bien que la propriété ait été habitée par Pablo Picasso à partir de 1955, le jardin n'arbore aucune trace de l'artiste de génie et est rebaptisé Pavillon de Flore. Sa petite-fille, Marina, a demandé à Jean Mus de restaurer le jardin resté à l'abandon pendant de longues années. Avec stupeur et bonheur, tous deux ont découvert de véritables trésors. Marina Picasso souhaitait faire plaisir à ses trois enfants adoptifs, nés au Vietnam, et, avec ce jardin, leur rappeler les paysages de leur jeunesse. Elle a donné carte blanche à Jean Mus, qui explique : « Nous avons composé avec les éléments qui existaient et continué l'histoire du parc avec une tendresse spéciale pour l'Asie. » Gingembres, oreilles d'éléphant, cycas, fougères arborescentes, dragonniers des Canaries, érables du Japon et toute une gamme d'agrumes jouent les premiers rôles. Jean Mus et son équipe ont réorganisé les espaces, installé un pavillon, aménagé un labyrinthe et orchestré une symphonie de verts pour créer une ambiance intime et mystérieuse qui ravit la maîtresse de maison et ses enfants. Jardin de promenade, jardin botanique, jardin de bien-être et de méditation, le Pavillon de Flore est un jardin heureux.

Un autre jardin aux inspirations lointaines, réalisé pour un grand parfumeur, constitue un véritable exercice de style où le Japon est à l'honneur. Dans la philosophie shintoïste, le jardin est un sanctuaire qui met en scène une nature sublimée où les trois éléments – eau, roche et végétaux – sont hautement symboliques. Un nouveau défi à relever pour Jean Mus ! Calme, luxuriance et beauté résument les trois principes de sa création. Après s'être imprégné de la civilisation japonaise, il a réinventé un endroit exotique, propice à la méditation. Au sein de ce petit jardin clos, qui s'admire depuis un point dominant, un *torii* – portail sacré de couleur rouge placé traditionnellement à l'entrée de sanctuaires shinto – ouvre le passage pour conduire à la sagesse. Interrompue par des pas de pierre inégaux qui pavent un chemin sablonneux bordé de bambous, la végétation très dense exalte le caractère mystérieux et spirituel du lieu. Dans la lumière tamisée par de légers feuillages, le promeneur savoure la sérénité de ce paradis retrouvé.

Looking East

Above and beyond the influence of English garden design, other commissions have played into Jean's natural sense of curiosity, bringing aspects of far distant cultures into his work. Marina Picasso's garden is the perfect example. Pable Picasso moved into the property in 1955, but the garden bears no trace of his genius. It was renamed the Pavillon de Flore. His grand-daughter Marina asked Jean Mus to restore the garden, left untouched for many years. Both were thrilled and delighted to discover hidden treasures. Marina Picasso wanted her three children, adopted in Vietnam, to enjoy the garden, and gave Jean Mus carte blanche to design it in the style of their homeland. He explains, "We kept what was already there and added a new chapter to the story of the garden, with a special fondness for Asia". The stars of the show were ginger, elephant ear, cycas, tree ferns, dragon trees, Japanese maple, and a host of citruses. Jean Mus and his team rearranged the spaces, set up a garden pavilion, put in a maze, and orchestrated a symphony in shades of green to create an intimate, mysterious atmosphere that enchanted Marina and her children. A garden for strolling in, a fine collection of plants, a space for meditation and wellbeing. The Pavillon de Flore is a happy place.

Another of Jean Mus's projects – this time for a great perfumer – drew its inspiration from the exotic East, paying homage to Japan. According to Shintoist philosophy, gardens are sanctuaries, even shrines, and a sublime showcase for nature where the three elements of water, stone, and plants are all richly symbolic. A fresh challenge for Jean Mus! Lush, tranquil beauty was the watchword of his design. He soaked up Japanese culture to conjure an exotic space that was perfect for meditation. Deep in the small walled garden, designed to be admired from a high point, stands a torii. The sacred red gate traditionally stands at the entrance to a Shinto shrine, guiding worshippers on the path to wisdom. Through the lush vegetation cuts a sandy path laid with Japanese-inspired stepping stones and edged with bamboos. The atmosphere is one of mystery and spirituality. The light filters through the delicate leaves as visitors drink in the serenity of paradise regained.

Le jardin d'un parfumeur voyageur, Grasse, 2024 / The travelling perfumer's garden, Grasse, 2024

Les oiseaux de paradis s'envolent, le Pavillon de Flore, Cannes, 2020 / Birds of paradise take flight, Pavillon de Flore, Cannes, 2020
page de gauche — Le pavillon protégé par les oreilles d'éléphant, le Pavillon de Flore, Cannes, 2020 / left — The pavilion protected by elephant ears, Pavillon de Flore, Cannes, 2020

La nature est une mine
de renseignements sur le climat
et l'aptitude de la végétation
à s'y adapter.

Nature is a goldmine
of information on the climate
and the capacity of plants
to adapt to it.

Les dragonniers des Canaries, le Pavillon de Flore, Cannes, 2020 / Dragon trees, Pavillon de Flore, Cannes, 2020

La Méditerranée en partage

Si Ferdinand Bac a ouvert la voie à la modernité en donnant une forme concrète à une Méditerranée imaginaire où se côtoient souvenirs de voyages et ressources locales, Jean Mus donne une forme poétique et romantique à une Méditerranée bien ancrée dans le réel.

« C'est un génie », affirme Jean Mus, quand il cite le nom de Ferdinand Bac. C'est à la villa Croisset, la gigantesque propriété de Marie-Thérèse de Croisset à Grasse, transformée par Ferdinand Bac, que Jean Mus a passé son enfance. C'est là qu'André Mus, son père, à la tête d'une équipe d'une vingtaine de personnes, l'a pris sous son aile et initié à l'art du jardinage. « L'aspect théâtral du jardin avec ses innombrables surprises et l'architecture colorée de la villa, tout fut une révélation pour l'adolescent que j'étais. Grâce à lui et à Ferdinand Bac, j'ai compris que la beauté ne se trouve pas dans la richesse mais dans la sensibilité ! »

Autre précepte appliqué rigoureusement par Jean Mus : le lieu et son histoire dictent le travail. Ainsi, une propriété située à Majorque ne ressemble pas à une autre bâtie sur la Riviera italienne. Si le terrain est rocailleux, s'il est au bord du vide ou dans une région aride comme c'est le cas en Grèce, l'implantation du végétal est plus délicate, ce qui conduit parfois à de véritables exercices de virtuosité. Si c'est un jardin de l'arrière-pays, Jean Mus met la Provence en scène avec des vignobles et des tapis de lavande.

It may have been Ferdinand Bac who paved the way for modernity by shaping the Mediterranean of his dreams, mingling memories of travel and local resources, but it was Jean Mus who lent poetic, romantic form to the Mediterranean rooted in reality.

"A genius", Jean Mus says of Ferdinand Bac. Jean Mus spent his childhood at the Villa Croisset, Marie-Thérèse de Croisset's vast property outside Grasse, playing in gardens transformed by Ferdinand Bac. Jean's father André headed up a team of twenty gardeners, taking his son under his wing and giving him his first lessons in gardening. "For me, as a teenager, the theatrical side of the garden, with its countless surprises and the villa's colourful architecture, was a revelation. My father and Ferdinand Bac taught me that beauty lies not in riches but in sensibility".

Jean Mus is also a firm believer that the site and its history must dictate his approach. A property in Majorca is very different from one on the Italian Riviera. If the ground is rocky, overlooking a steep drop, or in a very arid region, for instance in Greece, the choice of plants takes more careful thought, verging in some cases on virtuosity. For gardens in the hills of Provence, away from the sea, Jean Mus stages typical local scenes with grapevines and carpets of lavender.

Sharing the Mediterranean

Emprunts et empreintes méditerranéennes

Le style Mus, c'est une architecture naturelle pensée à partir d'éléments concrets, une composition raffinée et subtile des paysages provençaux et des rivages méditerranéens, qui se décline à travers une gamme d'émotions et de sensations.

« Quand je retrouve la Toscane, confie Jean Mus, mes pulsions méditerranéennes s'enflamment et ma joie est sans limite. » Il aime revoir ses amis de Pietrasanta, où il est accueilli à bras ouverts dans leur propriété. C'est à lui que l'on a délégué la restauration des trois parties du domaine, dont un petit hôtel, l'hôtel *Paradis*, où se réunissent des sculpteurs venus du monde entier pour travailler le marbre de Carrare. Accrochée aux collines, la vieille bâtisse domine la plaine et, pour flatter l'odorat de ses hôtes, s'entoure d'orangers en pot. L'hospitalité y fait loi et le potager, le verger et le jardin d'herbes s'accordent à merveille, car la bonne chère est à l'honneur. Des cabanes perchées intriguent les visiteurs un peu espiègles qui redeviennent enfants le temps d'une escapade, mais c'est surtout l'Azienda, une terre agricole et un lieu de réception à ciel ouvert, qui enchante. Au bord d'un étang, il est doux de refaire le monde tout en dégustant les spécialités toscanes, dont la plus célèbre est la joyeuse humeur.

La Toscane, c'est aussi la région où s'est épanouie la Renaissance. Ce renouveau de toute la culture européenne a vu le jour à Florence, comme à Rome et à Milan, où de somptueux jardins, intégrés à l'architecture des villas, ont été conçus pour le plaisir des yeux et de l'esprit. Leur concept repose sur les lois de la géométrie et de la perspective. Jean Mus a assoupli ces principes quand il a imaginé les jardins d'une villa privée à Ramatuelle ou ceux d'une autre villa aux environs de Cannes. Ici, de majestueux pins parasols ombragent la façade rose de la villa. Là, un foisonnement de palmiers phœnix et de cycas ne parvient pas à rompre la belle ordonnance d'une fontaine de marbre.

Mediterranean influences for a unique style

Jean's style is a natural architecture building on elements with real presence, the subtly refined composition of Provençal landscapes and the Mediterranean shoreline, showcasing a range of emotions and sensations.

"Whenever I find myself in Tuscany", Jean Mus shares, "my Mediterranean fancies take flight, and my joy knows no bounds". He loves to visit his friends in Pietrasanta, who welcome him with open arms. They asked him to restore all three parts of their estate, including the select Hotel Paradis, where sculptors flock from around the world to work with the local Carrara marble. The old building clings to the hillside overlooking the plain. It is ringed with potted orange trees, whose fragrance delights the guests. The hosts pride themselves on their hospitality and the quality of their menus, sourced from their own vegetable patch, orchard, and herb garden. Treehouses thrill visitors who have kept the spark of childhood, while the Azienda, a farm run on green principles that hosts open-air events, is equally enchanting. Visitors while away their time by the pond, chatting and tasting the local Tuscan specialities in a chilled, happy atmosphere.

Tuscany was also the birthplace of the Renaissance. European culture was reborn in Florence, Rome, and Milan, where sumptuous gardens were designed with as much care as villas to delight the eyes as much as the mind. Their layout was rooted in the laws of geometry and perspective. Jean Mus relaxed the rules in planning the gardens for a private villa in Ramatuelle and another near Cannes. Towering Italian pines cast their shade over the villa's pink walls in one garden, while in the other, a cluster of phoenix palms and cycas form a sculptural backdrop to a richly ornate marble fountain.

Échappée entre les cyprès, villa privée, Vence, 2019 / Among the cypresses, private villa, Vence, 2019
page précédente — Les pins pignons de la presqu'île, villa privée, Saint-Tropez, 2020 / previous page — Umbrella pines on the peninsula, private villa, Saint-Tropez, 2020

Promenade en bord de mer, villa privée, Théoule-sur-Mer, 2020 / A beachfront stroll, private villa, Théoule-sur-Mer, 2020
page suivante — La montée des euphorbes, villa privée, Vence, 2019 / next page — Flourishing euphorbia, private villa, Vence, 2019

Comme au temps des bastides

Un bon nombre de bastides datent du début du XVIIIe siècle, une époque de paix et de prospérité en Provence. Bâties dans un endroit privilégié, à proximité d'une rivière ou d'une source, elles arborent de splendides jardins conçus pour le plaisir des cinq sens. Lorsque Jean Mus entreprend de les restaurer, il tient compte de l'histoire du lieu et des impératifs de la végétation existante. Il se concentre sur le « jardin de propreté » qui surplombe la terrasse et réinvente à sa façon un petit jardin classique pour rendre hommage au passé de la bastide. Plusieurs propriétés, comme la bastide de la Croix, ont changé de statut, passant de domaine agricole à demeure aristocratique dotée d'un jardin d'agrément. Alors, Jean Mus lui confère ses lettres de noblesse en traçant une belle perspective, en ajoutant des coins d'ombre avec des chambres de verdure et des treilles où il fait bon se détendre et échanger des confidences. D'autres bastides ont conservé leur oliveraie et produisent une goûteuse huile qui fait leur fierté. Les anciens ont eu la sagesse de planter des rideaux de cyprès pour abriter maisons et dépendances des frasques du mistral. Sensible au savoir-faire de ses aînés, Jean Mus avoue son émotion devant les « gaudres », ces petites canalisations qui assurent la beauté d'une Provence toujours verte. Le paysage varie selon que l'on se trouve au cœur des Alpilles ou plus proche de la mer. La rivalité des oliviers, des champs de lavande et des vignes crée des paysages différents, protégés par des arbres ou de hauts murs de pierre.

Bastide gardens

Provence is dotted with typical bastide farmhouses dating from the early eighteenth century, a time of peace and prosperity. They were often built in pleas-ant sites near a river or spring and boast superb gardens, designed to delight the five senses. When Jean Mus sets about restoring a bastide garden, he begins by reading up on its history and the reasons behind the plants already in place. He focuses on the formal gardens overlooking the terrace, coming up with his own classical design honouring the building's history and heritage. Several such projects, such as the Bastide de La Croix, have involved a change of status from farmhouse to manor house with a pleasure garden. Here, Jean Mus brought the garden a touch of nobility with a superb new perspective, intimate shady nooks, and outdoor garden rooms with climbers trained over trellises that invited visitors to relax and engage in the art of conversation. Other bastides have kept their olive groves and produce their own delicious oil. Wise folk in generations past planted rows of cypresses to shelter the house and outbuildings from the mistral. Jean Mus has always greatly admired the gardening lore of previous generations and is touched at the sight of a "gaudre", the narrow irrigation channels that have kept Provence green for centuries. The landscapes change from the steep, arid slopes of the Alpilles to the coast. Olive trees give way to lavender fields and vines, creating landscapes that are all gorgeous in their own way, protected by rows of trees or high dry-stone walls.

Le retour du comte de Bougainville, villa privée, Châteauneuf-Grasse, 2018 / Return of the Comte de Bougainville, private villa, Châteauneuf-Grasse, 2018
page suivante — Les lavandes nous accueillent, jardin à Saint-Rémy-de-Provence, 2025 / next page — A warm lavender welcome, Saint-Rémy-de-Provence, 2025

La glycine s'installe sur la bastide, domaine de la Croix, Grasse, 2019 / Wisteria on the bastide walls, Domaine de la Croix, Grasse, 2019

La nature au naturel, mas privé, Eygalières, 2023 / Nature looking natural, private mas, Eygalières, 2023

page suivante — Les couleurs de printemps, bastide privée, Ramatuelle, 2021 / next page — Spring colours, private bastide, Ramatuelle, 2021

Balcons sur la Méditerranée

Saint-Tropez et ses alentours continuent à exercer leur magnétisme sur le monde entier. De récentes propriétés somptueuses se sont implantées à proximité du célèbre petit port de pêche varois. Souvent résidences secondaires, les villas illustrent un art de vivre hédoniste où le jardin, lieu de réception et de détente, joue le premier rôle. Pour Jean Mus, réaliser un jardin presque suspendu entre ciel et terre doit relever plusieurs défis. Même si la piscine semble se déverser dans la Méditerranée, la mer est tout en bas. Il faut emprunter un sentier sombre, sinueux et mystérieux qui serpente entre une végétation indigène très touffue pour parvenir à une plage privée. Mais une surprise enchante le promeneur le long de ce parcours presque initiatique : les eaux jaillissantes d'une cascade apportent beauté et fraîcheur au labyrinthe végétal.

A garden with a view

Saint-Tropez and the surrounding region are still a magnetic draw for people around the world. The famous little port on the Mediterranean coast has seen a number of superb villa properties spring up in the vicinity. These are often second homes that hint at a hedonistic lifestyle, with the garden playing a starring role as a place to welcome guests and to relax. For Jean Mus, creating a garden that almost seems to hover between sea and sky is a challenge in several ways. The infinity pool may seem to merge with the Mediterranean, but the sea is a long way down, along a dark, mysterious, winding path that twists and turns amidst dense vegetation, all native plants, to a private beach. A surprise awaits the visitor who makes it to the end of this almost initiatory journey: a prettily splashing cascade lends the maze of plants a unique, cool beauty.

Voyage vers les Hespérides, villa à Ramatuelle, 2025 / Journey to the Hesperides, a villa in Ramatuelle, 2025

Entre ciel et mer, villa à Ramatuelle, 2025 / Sea and sky, a villa in Ramatuelle, 2025
page de droite — La pampa nous rend visite, Saint-Tropez, 2025 / right — Pampas in Provence, Saint-Tropez, 2025
page suivante — Le ballet de la Canopée, villa privée, Saint-Tropez, 2025 / next page — Treetops, private villa, Saint-Tropez, 2025

La palette
de Jean Mus

Pour tout architecte paysagiste qui se respecte, le jardin doit s'harmoniser avec la nature environnante. Doté de la créativité d'un peintre et de la sensibilité d'un poète, le jardinier devrait aussi se faire magicien pour que son travail devienne une œuvre d'art à part entière.

Any landscape architect worth their salt will agree that gardens need to harmonise with their natural surroundings. Gardeners need the creativity of a painter and the sensibility of a poet, blended with a touch of magic to turn their task into a work of art in its own right.

Jean Mus's
palette

Composer en peintre ou en poète

Jean Mus détient certainement plusieurs secrets pour imaginer des lieux enchanteurs. « En créant ou en restaurant un jardin, j'aimerais, dit-il, réaliser une osmose entre la peinture, la poésie et la nature. » Il anticipe chaque création de jardin par des visites sur le site et des heures de réflexion et de dessins préparatoires avant la mise au point. Organiser l'espace, sélectionner minéraux et végétaux, choisir leurs emplacements… chaque étape contribue à la composition finale. Mais, comme il le rappelle, tout dépend du terrain, du soleil et du vent. Pour que l'implantation soit réussie, le jardin doit présenter une unité entre ses différentes parties grâce à des accords, parfois en contrepoint, entre divers éléments. Si les contrastes entre le plein et le vide, le haut et le bas, l'ombre et la clarté rythment l'espace, les lignes droites d'une allée de cyprès ou l'orthogonalité d'un bassin s'opposent aux formes arrondies d'arbustes ou de grands arbres pour parvenir à un équilibre visuel. Tout est affaire de correspondances et de proportions, selon une esthétique précise et aboutie. Parfois, l'art du trompe-l'œil entre dans la composition. Jean Mus allonge une perspective en la prolongeant par deux lignes obliques. Il encourage le regard à passer d'une partie du jardin à une autre par une gradation subtile. C'est là où, rompant la continuité de la ligne, la couleur intervient.

Composing a garden, a painting, a poem

Jean Mus certainly has several tricks up his sleeve for conjuring up enchanting gardens. "When creating or restoring a garden", he says, "what I like is creating an osmosis of painting, poetry, and nature". Before setting to work on a project, he visits the site and spends hours considering the best approach, coming up with numerous preparatory sketches before settling on a design. Organizing the layout and choosing plants and rocks and where to put them all play into the final composition. But as he always says, it all depends on the terrain and its exposure to sun and wind. A successful garden is one where all areas form a harmonious whole, with a range of chords and counterpoints between the various elements. The space is punctuated by contrasts of full and hollow, high and low, light and shade. The strict straight lines of a cypress-lined walk or a geometrically designed pond are countered by generously rounded shrubs or tall trees, forming a visual balance. It is all about matching and proportions, with a clear aesthetic vision in mind and the means to carry it out. Jean Mus sometimes enjoys playing with trompe-l'oeil visual trickery, extending a perspective by means of two slant-ing lines. He gently encourages the viewer's gaze to shift from one part of the garden to another by subtle graduations, where the line is then broken by a splash of colour.

Les couleurs papillonnent, villa privée, Saint-Tropez, 2020 / Shimmering colours, private villa, Saint-Tropez, 2020
page suivante — Impression de jardin sec, villa privée, Théoule-sur-Mer, 2024 / next page — Impression of a dry garden, private villa, Théoule-sur-Mer, 2024

ci-dessous et page de droite — Explosion des artichauts, La Contenta, Grasse, 2025 / below and right — A firework display of artichokes, La Contenta, Grasse, 2025

La jungle n'est pas loin, le Pavillon de Flore, Cannes, 2020 / Neighbourhood jungle, Pavillon de Flore, Cannes, 2020
page de gauche — Le jasmin rend visite au jardin, villa privée, Mougins, 2022 / left — Jasmine visits the garden, private villa, Mougins, 2022
page suivante — Un sous-bois dissipé, jardin à Pietrasanta, Italie, 2019 / next page — A riot of undergrowth, Pietrasanta, Italy, 2019

Tons de vert

Attention, la couleur n'est jamais l'élément fondateur d'une mise en scène. C'est une invitée de marque, que Jean Mus choisit en fonction de ses vibrations. Homme de théâtre, il se méfie des grands spectacles, version Hollywood. Il a horreur des couleurs criardes et, bien évidemment, s'appuie sur sa contemplation de la nature, qu'il prend pour modèle pour composer sa palette. « Oui, j'aime le vert ! » s'écrie-t-il. On m'a toujours dit que c'est la couleur de l'espérance, mais pour moi, c'est beaucoup plus ! Pour moi, le vert et tous ses tons dégradés représentent les différentes couleurs de la nature et donc celles de la vie sur notre terre. Jardinier de cœur et d'esprit, je ne peux qu'applaudir aux programmes écologiques qui visent à protéger l'environnement, mais je me méfie des dérives politiques. Ainsi, pour le romantique que je suis resté, le vert symbolise le calme, la fraîcheur, la jeunesse, la santé, le renouveau et la liberté. »

En toute logique, les jardins de Jean Mus restituent la flore naturelle du bassin méditerranéen. Résistante au climat et aux saisons, elle excelle à décliner toute une gamme de verts. Le vert foncé des pins parasols, cyprès et chênes verts sert de toile de fond aux essences parfumées du maquis et de la garrigue. Le feuillage gris argenté des oliviers domine le paysage provençal. Au pied de ces arbres au tronc noueux, pas de parterres de fleurs, mais des touches de tons pastel qui parent les bosquets : du bleu pour les lavandes, romarins, thyms, sauges, agapanthes, perovskias et germandrées, du rose pour les lauriers-tins, bruyères, cistes et arbousiers.

Shades of green

But Jean Mus never makes colour the central pillar of his staging. It is always a guest of honour, chosen to match a specific vibe. With his love of theatre, he has an instinctive mistrust for overblown Hollywood-style mega-productions. He has a dislike of strident colours and roots his designs in his contemplation of nature, taking the natural world as his model in choosing a colour scheme. "Yes, I love green!" he proclaims. "People always tell me it's the colour of hope, but for me it's much more than that. For me, all the shades of green represent the various hues of nature, and therefore of life on Earth. I garden with my heart, soul and mind, so I cannot help but back environmental schemes that aim to protect the natural world. That said, I don't always trust the spin politics puts on it. I'm a romantic at heart. For me, green symbolizes calm, cool freshness, youth, health, a fresh lease of life and liberty".

It makes sense, then, that Jean's gardens foreground plants indigenous to the Mediterranean basin. They have evolved to withstand the climate and the seasons and come in a dazzling array of shades of green. The dark greens of umbrella pines, cypresses and evergreen oaks form a striking backdrop to the fragrant plants of the upland expanses of scrub, the maquis and the garrigue. The Provençal landscape is dominated by the silvery grey foliage and knotty trunks of olive trees. At their foot lie not neat flowerbeds but touches of delicate pastels: the blues of lavender, rosemary, thyme, Russian sage, agapanthus, and germander, the pinks of laurestine, heather, rockrose and arbutus.

L'exotisme au salon, villa privée, Cannes, 2023 / An exotic atmosphere, private villa, Cannes, 2023
page suivante — La gamme des formes et des verts, le Pavillon de Flore, Cannes, 2020 / next page — A rich palette of shapes and colours, Pavillon de Flore, Cannes, 2020

Gammes végétales

S'il préfère les essences indigènes, Jean Mus ne peut ignorer les végétaux acclimatés qui proviennent des quatre coins du monde. À présent, les aloès, les agaves, les mimosas, les palmiers, les crassulacées diverses et variées font partie du paysage méditerranéen. C'est un choix esthétique qui repose sur l'architecture de ces végétaux.

« Je les utilise volontiers, affirme Jean Mus, lorsque l'occasion m'en est donnée. J'aime utiliser les cactées pour le contraste qu'elles apportent, leurs graphismes, leurs couleurs parfois irréelles et inimitables qui procurent de véritables surprises, un feu d'artifice dans les jardins. De plus, leurs formes géométriques offrent un contraste formidable avec les jardins organiques et naturels que je dessine. Ces plantes sont mes compagnes des pentes abruptes, des lieux inhospitaliers, les gardiennes et protectrices des limites de propriété chaotiques, des bords de mer. Je les utilise abondamment en choisissant un thème, tout en limitant la diversité des espèces utilisées. Loin au contraire de s'opposer à ma vision du paysage et à l'endémisme que j'apprécie tant, ces plantes exotiques complètent ma palette végétale et deviennent un des éléments incontournables des compositions de jardins de Provence orientale. Je les utilise avec parcimonie afin d'éviter les redondances et de maximiser les surprises. »

La couleur ou non-couleur favorite de Jean Mus, c'est le blanc, le compagnon idéal du vert. Les tonnelles coiffées de fleurs de jasmin, de pittosporums, de tous les agrumes et de rosiers l'enchantent, tout comme les tapis d'érigéron, car il s'émerveille de l'étonnante variété de blancs de la flore locale. Mais la plus belle est peut-être celle du rosier liane Jean Honoré Mus ! Ses tiges souples s'élancent vers le ciel et s'accrochent aux murets et aux arbres pour s'épanouir au printemps, et de nouveau en automne, en magnifiques fleurs semi-doubles blanc crème !

C'est en poète et en peintre qu'il faut composer un paysage. Outre l'imagination, le savoir-faire, la modestie et la constance du jardinier de terrain sont nécessaires, rappelle Jean Mus. Dans cette complémentarité se cache certainement son secret !

Mixing and matching

Jean Mus may prefer native plants, but he cannot overlook the many species from around the world that have acclimatized to thrive in the Mediterranean climate. Aloes, agaves, mimosas, palm trees, and various stonecrops are all perfectly at home here. He often selects them on aesthetic grounds, to bring a touch of architectural structure to his designs.

"I enjoy working with them when the opportunity arises", Jean Mus says. "I love using cacti, using their very structural shapes and sometimes uniquely surreal colours to create genuinely surprising contrasts, like a mini firework display. Their geometrical shapes also contrast fabulously with the natural, organic gardens I design. They are my trusty go-to for steep slopes and inhospitable terrain, guarding and protecting the boundaries of properties that might be unclear, like beach accesses. I often use them when choosing a theme, while limiting the diversity of species. Far from challenging my vision of the landscape and my love of native plants, more exotic species are a useful complement to my palette and are fast becoming a staple for garden designs on the eastern side of Provence. I use them sparingly, though, to minimize redundancy and maximize the impact of the unexpected".

Jean Mus's favourite colour, or rather non-colour, is white – the perfect foil for green. Garden arbours coiffed with jasmine, mock orange, citrus or rose are an enchantment, as are carpets of fleabane. Jean Mus waxes lyrical about the region's astonishing variety of white flora – the finest of which is undoubtedly the rambling rose, Jean Honoré Mus! Its supple branches reach for the sky, climbing up walls and trees and bursting every spring and autumn with magnificent creamy white semi-double roses.

It takes the soul of a poet and painter to compose a landscape. But as Jean Mus always says, it takes more than just imagination: skill, modesty, and steadfastness are all part of the gardener's arsenal. His secret is that he has mastered them all!

Fleurs d'acanthe et jasmin étoilé, villa privée, Mougins, 2022 / Acanthus and star jasmine, private villa, Mougins, 2022
page suivante — Les verts des tropiques, villa privée, Cannes, 2023 / next page — Tropical green, private villa, Cannes, 2023

Au bout de la forêt, jardin à Gstaad, Suisse, 2025 / Deep in the forest, Gstaad, Switzerland, 2025

page de gauche — Jardin d'automne, jardin à Gstaad, Suisse, 2023 / left — Autumn garden, Gstaad, Switzerland, 2023
page suivante — Le gris invite le vert, villa privée, Cannes, 2023 / next page — Green invites grey, private villa, Cannes, 2023

Un romantisme joyeux

Visiter un jardin de Jean Mus, peu importe l'endroit où il se trouve, c'est tomber immédiatement sous son charme. Qu'a-t-il de si particulier, alors que tous ses jardins diffèrent selon le climat, le relief et l'histoire du lieu ?

Quel est son secret ? Est-ce la subtile dualité qui réunit tradition et modernité ? Certes, Jean Mus réussit parfaitement ce mariage improbable, mais son secret réside surtout dans son tempérament romantique et artistique, où idéalisme et sentimentalité sont tempérés par sa fascination pour la beauté et surtout pour la nature. Dans toutes ses créations, on retrouve cette relation privilégiée avec une nature qu'il perçoit comme nourricière et protectrice, et qui est souvent le miroir de ses émotions. Dans ses jardins, la présence de l'eau semble donner vie à chaque élément, minéral ou végétal. Source d'inspiration pour les peintres et poètes romantiques, l'eau, pour Jean Mus, symbolise le renouveau, le calme, l'émerveillement et la continuité dans l'au-delà. « Sans le frisson de l'eau, point de rêve de jardin », écrit Jérôme Godeau, dans son livre *Les Mots du jardin*.

Visit one of Jean Mus's gardens, wherever it might be, and you will immediately find yourself bewitched by its charm. All the sites he works on differ in climate, terrain, and history, so what is the magic ingredient?

Might it be a subtle blend of tradition and modernity? Jean Mus perfectly marries the old and the new. But that is not it. His secret weapon is his own romantic, artistic nature. His idealism, even sentimentality, are kept in check by his abiding love of beauty and nature. Every garden he creates is inspired by his precious bond with the healing, nurturing qualities of nature, reflecting his own emotions. Water is always present, bringing life to plants and rocks. Water was a rich source of inspiration for the Romantic poets and painters. For Jean Mus, it symbolizes rebirth, tranquillity, a sense of wonderment, and the continuity of life in the beyond. "Without the shimmer of water, the garden cannot dream", as Jérôme Godeau so eloquently put it in his book *Les Mots du Jardin*.

The joy of romance

L'eau, source de vie

Depuis toujours, les Méridionaux attachent une importance majeure à l'eau. Cet élément fondamental de l'existence humaine est pour eux une garantie de bien-être et… de richesse. En témoignent les lecteurs de Marcel Pagnol. Mais pour Jean Mus, qui nourrit une profonde admiration pour les jardins arabo-andalous, l'eau est un spectacle. Il l'introduit dans la plus grande partie de ses compositions et la met en scène sous toutes ses formes, à l'horizontale avec des bassins-miroirs et à la verticale avec ses fameux murs ou escaliers d'eau. Rien ne saurait remplacer la présence de l'eau au jardin, qu'elle soit jaillissante, dormante, ou simplement suggérée. Elle permet de concevoir des ambiances exotiques en invitant des plantes tropicales, des bambous, des fougères, des alocasias, des monsteras, etc. Aux heures chaudes de la journée, son friselis de notes cristallines apporte calme et réconfort. Russell Page avait compris que la piscine faisait désormais partie du jardin. Jean Mus, confronté en permanence à la nécessité de l'intégrer au décor, choisit de la transformer en bassin et de la border d'une margelle. Et, si besoin est, de créer une oasis avec des cyprès ou des palmiers qui l'isolent du reste du jardin. Mais il sait que la terre se réchauffe, que les besoins en eau augmentent et que, par conséquent, il faut faire face à cette réalité et adapter les plantations aux éventuelles pénuries d'eau. L'arrosage est un art et un vrai plaisir pour tout amateur de jardinage. Une connaissance approfondie des plantes méditerranéennes, peu gourmandes, va de pair avec une meilleure conscience écologique.

    L'eau est aussi celle de la mer. Bon nombre de propriétés sont situées le long des rivages méditerranéens. L'eau est alors le point de focalisation de la villa et du jardin. Jean Mus déploie tout son talent pour cadrer la vue et mettre en scène une échappée sur une mer d'un bleu insensé, qui semble tantôt prisonnière des roches rouges de l'Esterel. Il aime aussi susciter des surprises. Quand il crée un jardin-balcon au-dessus de la Méditerranée, il imagine un sentier ombreux interrompu par une cascade. Ainsi de deux villas privées à Théoule-sur-Mer, où le promeneur, croyant d'abord s'être égaré, débouche quelques pas plus loin sur une plage inondée de lumière.

Water is life

People living in the warmer climes of southern Europe have always understood the importance of water. Its crucial role in human history and society is a guarantee of well-being – and indeed wealth, as anyone familiar with Marcel Pagnol's *Jean de Florette* will know. But for Jean Mus, a fervent admirer of the historical gardens of Muslim Andalucía, water is more than that. It is an eye-catching feature in its own right. He uses water in nearly all his compositions, lending it dramatic flair in designs that range from mirror-smooth ponds to walls of water and stepped cascades. Nothing can replace a babbling stream, splashing fountain or unruffled pond. Water creates an exotic atmosphere by hosting tropical plants such as bamboos, ferns, alocasias, and monsteras. When the sun is at its hottest, gentle, crystalline trickling and plashing generates a sense of calm and comfort. Russell Page knew that swimming pools should now be seen as part of the garden. Jean Mus is often asked to incorporate a pool into his designs. He usually edges it with finely wrought stonework, like a fountain, isolating it from the rest of the garden with a protective wall of cypresses or palm trees, like an oasis. But he must also take global warming into account: the demand for water is rising, placing stress on precious resources, so he is increasingly adapting his designs to cope with water shortages. Every gardener loves watering their garden. Jean's expert knowledge of drought-resistant Mediterranean plant species makes him a green gardener in more ways than one.

    Water also means the sea. Many of the properties he works on lie along the Mediterranean shoreline, making water a natural focal point for villas and gardens alike. He artfully frames the sea views to create a dramatic perspective out over the peerless blue, framed by the red rocks of the Esterel mountains. Jean Mus loves taking visitors by surprise. For gardens perched high over the Mediterranean, he came up with the idea of a shady path with its own tumbling cascade. The idea became reality at two private villas in Théoule-sur-Mer, where visitors often think they have taken a wrong turn before stepping onto a beach flooded with warm sunlight.

Le canal mauresque, l'Azienda, Pietrasanta, Italie, 2022 / The Moorish canal, the Azienda, Pietrasanta, Italy, 2022
page précédente — L'ombre s'installe, bastide privée, Ramatuelle, 2021 / previous page — Shade settles in, private bastide, Ramatuelle, 2021
page suivante — Le murmure de l'eau, villa privée, Théoule-sur-Mer, 2020 / next page — Whispering water, private villa, Théoule-sur-Mer, 2020

Une ligne d'eau dans la colline, villa privée, Châteauneuf-Grasse, 2018 / A line of water in the hills, private villa, Châteauneuf-Grasse, 2018

page de gauche — Une ouverture qui emporte loin, le Pavillon de Flore, Cannes, 2020 / left — Open to infinity, Pavillon de Flore, Cannes, 2020
page suivante — La fontaine aux éléphants, La Contenta, Grasse, 2025 / next page — The elephant fountain, La Contenta, Grasse, 2025

La fontaine aux éléphants, La Contenta, Grasse, 2025 / The elephant fountain, La Contenta, Grasse, 2025

Mouvement romantique dans la rigueur, domaine de la Croix, Grasse, 1930 / Romanticism and rigour, Domaine de la Croix, Grasse, 1930

Les jardins méditerranéens racontent l'histoire de multiples styles et cultures qui se croisent avec éclectisme au fil du temps.

Mediterranean gardens tell the tale of multiple styles and cultures that have grown eclectically, interwoven over time.

Le bassin dans les vignes, domaine de Fondugues-Pradugues, Ramatuelle, 2024 / A pool amidst the vines, Domaine de Fondugues-Pradugues, Ramatuelle, 2024

page de droite — Merci à l'eau pour ses reflets, villa privée, Mougins, 2022 / right — Thankful for water and reflections, private villa, Mougins, 2022

Le bassin miroir, villa privée, Théoule-sur-Mer, 2020 / The mirror pool, private villa, Théoule-sur-Mer, 2020
page de gauche — Le trait d'eau, villa privée, Mougins, 2022 / left — The line of water, private villa, Mougins, 2022

Coins d'ombre et de douceur

En bon Provençal qui cultive l'art de la sieste, un des plaisirs de la vie au bord de la Méditerranée, Jean Mus sait quels sont les arbres dont l'ombre apporte une délicieuse fraîcheur. Leur présence améliore la qualité de l'air en filtrant la pollution, atténue les bruits et protège le sol grâce à leurs racines. Jean Mus défend ces rois de l'ombre avec passion et prend part à des discussions enflammées sur les champions en la matière, discussions où chacun affiche son savoir. Ombrage léger sous un albizia, ombre plus fraîche sous un mûrier ou un tilleul, plus dense mais plus chaude sous un pin parasol ou un marronnier : qui l'emportera ? Micocouliers, platanes, catalpas, paulownias restent de grands classiques. Il imagine aussi des haies touffues, des tonnelles et des pergolas coiffées de vigne, de glycine et de roses. Le but : attirer le visiteur dans un coin secret du jardin. La lecture de l'*Éloge de l'ombre* de Jun'ichirō Tanizaki l'a conforté dans son esthétique de la pénombre au jardin. Aux pelouses et parterres baignés de lumière, il préfère des coins secrets propices aux confidences et à une rêverie qui nous ramène à l'essence même de la vie et à sa fragilité.

The sweetness of shade

As a proud son of Provence, Jean Mus enjoys a good siesta in a sun-drenched Mediterranean garden – one of life's finest pleasures. He knows which trees offer the most refreshing shade. Planting trees improves air quality by filtering out pollutants. Trees reduce unwelcome noise, while their roots protect the soil. Jean Mus is a passionate advocate for trees, speaking from the heart when it comes to conversations about the qualities of various species. Silk trees for light shade, mulberry or linden for cool shade, umbrella pine or chestnut for denser yet warmer shade. What to choose? Hackberry, plane, catalpa and paulownia are firm favourites. He also includes leafy hedges, arbours and pergolas coiffed with vines, wisteria, and roses to draw visitors to secret garden nooks. Reading Junichirō Tanizaki's essay *In Praise of Shadows* showed him he was not alone in his thoughts on the aesthetics of muted light for gardens. Sunny lawns and flowerbeds have their place, but his personal preference is for hidden corners that foster a more intimate atmosphere and a dreamlike sense of mystery that reminds us of the essence of and fragility of life itself.

Sieste avec chapeau, domaine de la Croix, Grasse, 2019 / Siesta with a hat, Domaine de la Croix, Grasse, 2019
page précédente — Le bassin des pins parasols, villa privée, Saint-Tropez, 2020 / previous page — The umbrella pine pool, private villa, Saint-Tropez, 2020

Accompagner la pente, villa privée, Théoule-sur-Mer, 2020 / The slope, private villa, Théoule-sur-Mer, 2020

S'inviter sur la pente, villa privée, Mougins, 2022 / Venturing onto the slope, private villa, Mougins, 2022

La table marguerite, jardin à Pietrasanta, Italie, 2019 / The daisy table, Pietrasanta, Italy, 2019
page de droite — Le bambou du Japon, jardin de Jean Mus, Cabris, 2025 / right — Japanese bamboo, Jean Mus's garden, Cabris, 2025
page suivante — Dame-jeanne veille sur nous, jardin à Pietrasanta, Italie, 2019 / next page — Demijohn and decking, Pietrasanta, Italy, 2019

Je t'attends pour la sieste, villa privée, Châteauneuf-Grasse, 2025 / Invitation to a siesta, private villa, Châteauneuf-Grasse, 2025
page de droite — Tables et bancs ou bancs et tables ?, jardin de Jean Mus, Cabris, 2025 / right — Tables and benches or benches and tables? Jean Mus's garden, Cabris, 2025

Genévriers en tapis, hôtel *The Alpina*, Gstaad, Suisse, 2015 / A juniper carpet, The Alpina Hotel, Gstaad, Switzerland, 2015
page précédente — Désordre organisé, jardin à Pietrasanta, Italie, 2019 / previous page — Organised chaos, Pietrasanta, Italy, 2019

L'ombre et la lumière franchissent les Alpes pour notre plus grand plaisir.

Au concert, mesdames, hôtel *The Alpina*, Gstaad, Suisse, 2015 / Join us for the concert, ladies, The Alpina Hotel, Gstaad, Switzerland, 2015

Light and shade cross the Alps, to our great pleasure.

Le chêne-liège épaule le moulin, bastide privée, Ramatuelle, 2021 / Cork oak propping up the mill, private bastide, Ramatuelle, 2021

Rêve d'enfant, bastide privée, Ramatuelle, 2021 / A child's dream, private bastide, Ramatuelle, 2021

L'éventail, jardin à Saint-Rémy-de-Provence, 2025 / The fan, Saint-Rémy-de-Provence, 2025
page de droite — L'érable du Japon, villa privée, Mougins, 2022 / right — Japanese maple, private villa, Mougins, 2022

Quand le jardin se met au parfum

Être réveillé par une odeur de jasmin ou de rose fait partie des bonheurs de la vie. Pour de nombreux jardiniers, l'essentiel n'est pas tant la beauté de l'espèce végétale, mais son parfum qui permet de tisser un lien intime avec la nature. Humer, respirer une senteur est un plaisir fugitif que Jean Mus tient à partager avec le promeneur à travers son travail. Il est toujours à l'écoute de son ami, Jean-Claude Ellena, compositeur de parfums chez Hermès et auteur de plusieurs livres. Pour les deux compères, le parfum n'est pas seulement destiné à être porté. « Il n'est pas ornement, il n'habille pas ni ne protège, souligne Jean-Claude Ellena, il n'est qu'émotion ! » Au détour d'une allée, les effluves d'un citronnier ou les senteurs poivrées des immortelles ou des viornes obligent à faire une pause. Toutefois, les glycines leur volent la vedette, d'abord avec leurs pampilles bleues ou blanches, et puis avec leur parfum enveloppant. Plus modeste, le *Pittosporum tobira* offre une fragrance voluptueuse. Et puis, bien sûr, il y a Sa Majesté la rose. Le lecteur ne sera pas étonné si la rose Jean Honoré Mus, une « grimpante, nerveuse et amoureuse », d'une blancheur immaculée, fleurit dans de nombreux jardins de la Provence orientale !

A garden full of fragrance

Waking up to the gorgeous notes of jasmine and rose is one of life's purest delights. Many gardeners care less for the beauty of the plants in their care than for their scent, which forges a delicate bond with nature. Breathing in the scent of a plant is a fleeting pleasure that Jean Mus is eager to share with visitors to the gardens he designs. He is always happy to listen to his friend Jean-Claude Ellena, star perfumer at Hermès and author of several books on fragrances. Both men agree: perfume is not just meant to be worn. "It's not an ornament, it's not clothing or protection", Jean-Claude Ellena smiles. "It's pure emotion!" Rounding the corner of a garden walk, the scent of a lemon tree or the peppery notes of helichrysum or viburnum stop visitors in their tracks. Time to pause and breathe in the fragrance. Wisteria is the star of the show, with its dramatic clusters of blue and white blossom and its heady perfume. Mock orange is more modest, but just as voluptuous. But the rose must claim the crown. Readers will not be surprised to learn that the Jean Honoré Mus rose is a superb, romantic climber of the most perfect creamy white, found in many gardens all over the eastern side of Provence.

Le paysagiste parfumeur et la *Rosa centifolia*, Grasse, 2025 / The perfumer and *Rosa centifolia*, Grasse, 2025
page suivante — La coulée des lavandes, La Contenta, Grasse, 2025 / next page — A flow of lavender, La Contenta, Grasse, 2025

La glycine de Chine, La Contenta, Grasse, 2025 / Chinese wisteria, La Contenta, Grasse, 2025
page de droite — La gloriette, hôtel *Le Domaine du Mas de Pierre*, Saint-Paul-de-Vence, 2019 / right — The pergola

La récolte des lavandes, jardin à Saint-Rémy-de-Provence, 2025 / Harvesting lavender, Saint-Rémy-de-Provence, 2025
page précédente — La rose Jean Honoré Mus®, domaine de Panéry, Pouzilhac, 2022 / previous page — The Jean Honoré Mus® rose, Panéry, Pouzilhac, 2022

Saviez-vous que, selon le langage
de fleurs, la lavande — cette panacée
merveilleusement parfumée aux
mille et une nuances de bleu — signifie
tendresse et sérénité ?

Did you know that in
the language of flowers, lavender —
the marvellously scented panacea
in a myriad shades of blue — stands for
tenderness and serenity ?

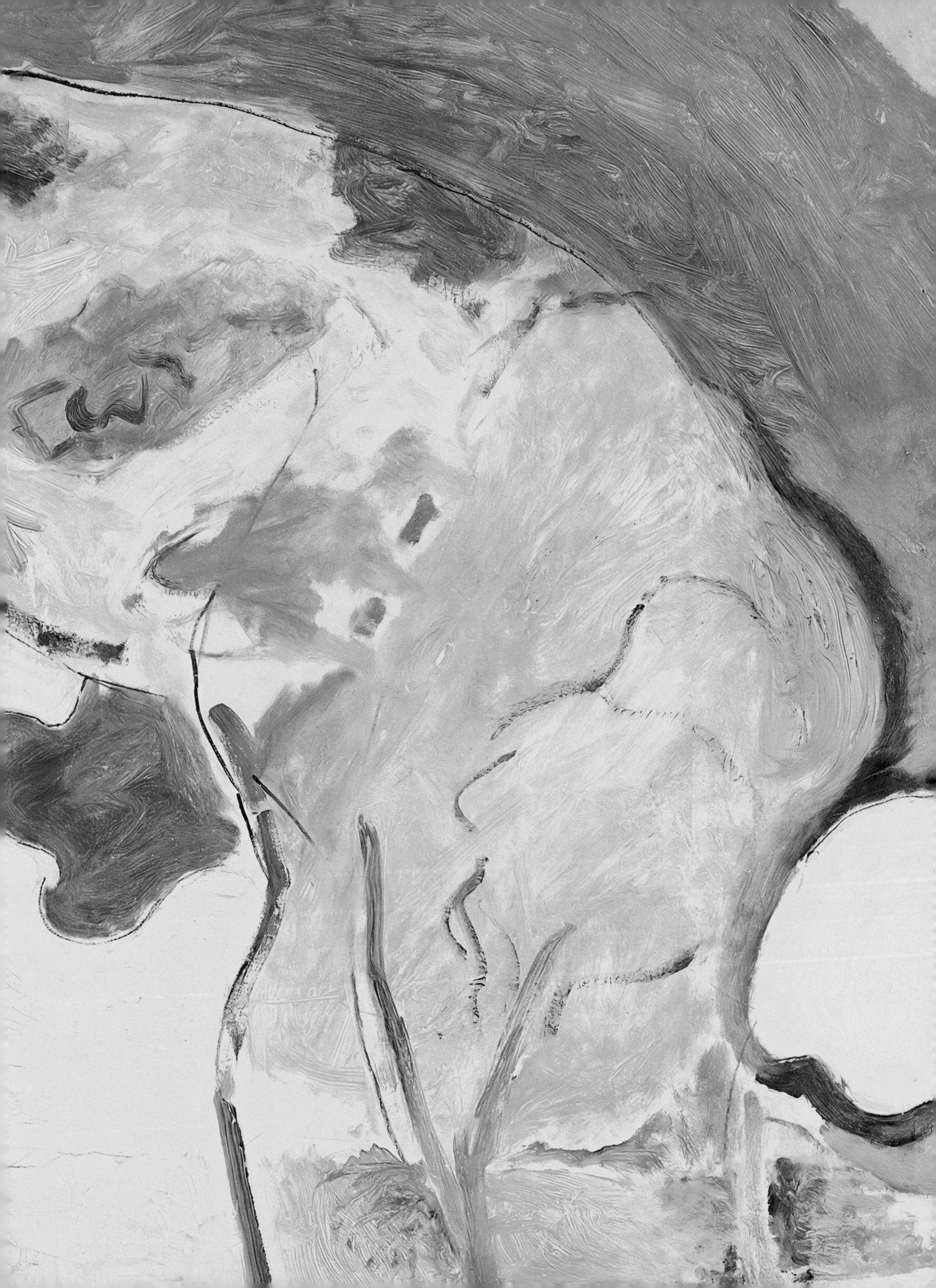

Le grand paysage

L'architecture du paysage recouvre une notion un peu floue, souvent employée pour combler les vides du bâti par de la végétation. Or, il s'agit d'un dialogue entre ouverture et fermeture, qui exige une parfaite connaissance du terrain.

En règle générale, plus on s'avance vers l'extérieur de la propriété, plus les haies s'abaissent et les ouvertures se multiplient. L'architecte paysagiste doit aussi veiller à ce que la transition entre jardin et paysage se fasse avec logique et… douceur.

Landscape architecture is often used to encompass a rather vague range of practices, often used to fill in gaps in the built environment with plant life. What it should mean is a dialogue between closed and open spaces calling for a perfect understanding of the terrain.

As a general rule, the closer to the boundaries of a property you get, the lower the hedges and the more numerous the openings. Landscapers must also ensure that the transition between garden and natural surroundings is logical and smooth.

Grand landscapes

Du jardin au paysage

« Notre vision du paysage est très large, explique Jean Mus. Elle s'inscrit à la base de la conception en partenariat avec les architectes et donneurs d'ordre pour favoriser l'intégration des nouvelles constructions et les rendre agréables à vivre suivant des concepts que nous adaptons au lieu. Notre travail vise à permettre une interpénétration des espaces et à placer l'homme au centre de nos préoccupations.

Harmoniser, fluidifier, envelopper, pérenniser sont les maîtres-mots autour desquels nous développons notre concept paysager. Nous mettons en exergue la sensualité.

Nous ne créons pas des projets simplement pour le plaisir des yeux. En utilisant des matériaux et des végétaux locaux, nous créons les conditions qui vont contribuer à leur insertion dans le grand paysage et leur bonne évolution dans l'espace et dans le temps. Ce sont avant tout des projets où la végétation est heureuse. »

Lorsqu'il doit aménager un jardin au sein d'une vaste surface, un vignoble, une oliveraie ou une pinède, Jean Mus pense aux paysagistes anglais. Là, plus qu'ailleurs, la nature est reine et l'intervention du paysagiste se veut presque imperceptible. Selon cette composition où l'esthétique rejoint la pratique, les clôtures disparaissent pour laisser place à un jardin/paysage ou paysage/jardin, où les seules frontières sont constituées par une gradation de la végétation.

From garden to landscape

"Our vision of the landscape is very broad", Jean Mus explains. "It starts from a conversation with the architects and project commissioners to encourage the integration of new buildings and make them pleasant places to live, drawing on concepts that are adapted to the site in question. Our work lets the spaces mingle and merge and puts people at the heart of the project. Harmony, fluidity, cocooning, and durability are the keywords underpinning our approach to landscaping. We aim to honour all the senses. We don't just create gardens that look good. We use local materials and plants that fit well into the broader landscape and will flourish in time and space. Our projects are all about using plants that are happy where they are".

When it comes to designing a garden in a large tract of land like a vineyard, olive grove, or pine plantation, Jean Mus thinks of the English landscape tradition, where nature rules supreme and the gardener's hand is almost invisible. In such designs, where aesthetics go hand in hand with practicality, hedges and fences make way for garden-landscapes or landscape-gardens, where borders are marked only by changes in the types of plants.

Vue de la montgolfière, villa privée, Théoule-sur-Mer, 2020 / View from a hot air balloon, private villa, Théoule-sur-Mer, 2020
page suivante — La Contenta, Grasse, 2025 / next page — La Contenta, Grasse, 2025

L'allée florentine, l'Azienda, Pietrasanta, Italie, 2022 / The Florentine walk, the Azienda, Pietrasanta, Italy, 2022
page de droite — Campagne toscane, l'Azienda, Pietrasanta, Italie, 2022 / right — Tuscan countryside, the Azienda, Pietrasanta, Italy, 2022

Des jardins ancrés dans l'Histoire

Rassemblant les pièces d'un immense puzzle, les paysages sont rattachés à leurs contextes historique et culturel. En Provence comme en Angleterre, la clairière qui résulte d'une déforestation marque une rupture avec le monde sauvage. Défrichée et parfois encerclée par des murs de pierre, elle est transformée en terre nourricière et fait l'objet de tous les soins. Arpenté, terrassé, drainé et planté selon les techniques les plus élaborées, cet espace tient parfois du grand art : l'art paysager. Pour servir d'écrin aux rangées de vignes ou aux plantations agricoles, Jean Mus prévoit une barrière de cyprès ou d'imposants sujets pour protéger les cultures. Cette ceinture végétale forme l'arrière-plan d'un tableau imaginé à partir d'un point de vue privilégié où l'effet d'illusion réside en l'implantation précise des végétaux. Au premier plan, il plante des rosiers qu'il choisit pour leur vigueur et leur résistance aux intempéries. C'est ce qu'il a réalisé au splendide domaine de Panéry, qui réunit un hôtel de charme et une propriété viticole. Cette pratique, dont l'origine remonte à la nuit des temps, est plus utile qu'esthétique, car elle correspond à une défense naturelle de la vigne. En effet, les feuilles des rosiers peuvent dépister certaines maladies – tel l'oïdium – qui ont dévasté les vignobles français par le passé. Comme les rosiers sont tout d'abord attaqués, les viticulteurs peuvent sauver leur récolte en appliquant des traitements de prévention.

Placés en bout de rangée, les rosiers permettaient autrefois aux chevaux de contourner les plants sans arracher le dernier cep de vigne. Dans certaines propriétés, comme au domaine Fondugues-Pradugues, le cheval fait de nouveau partie du paysage. Il est apprécié pour sa capacité à labourer les étroits couloirs qui séparent les vignes. Ce retour aux traditions ancestrales crée des paysages d'une touchante poésie.

Ancré, enraciné dans un contexte naturel et non industriel, le grand paysage doit rester à échelle humaine et préserver les traces de notre civilisation, pour conserver le sentiment que le monde, sans cesse en devenir, demeure un lieu de bien-être et d'échanges.

Gardens rooted in history

Gathered like the pieces of a giant jigsaw, landscapes are connected to their historical and cultural contexts. In Provence and England alike, the felling of forests breaks with the natural world. The land is cleared, sometimes ringed with stone walls, and transformed into rich farming soil that is carefully nurtured. The space is measured, flattened, drained and planted using the most up-to-date techniques. Sometimes the result is high art. Jean Mus often plants walls of cypress or other tall trees as a protective backdrop for rows of vines or farm crops. This creates a green belt in the background of a scene pictured from a height, where each plant is carefully placed to create a clever visual effect. In the foreground, he plants roses chosen for their vigour and resistance to bad weather. One superb example is the garden at Panéry, which features a boutique hotel and vineyard. Roses have been planted alongside vines for centuries and serve a practical purpose as well as looking attractive. Rose leaves act as an early warning system for diseases like powdery mildew that destroyed vineyards across France in times past. When the winegrowers spot the tell-tale signs of the disease on the rose leaves, they have time to treat the grapes and save the harvest.

Rose bushes were also planted at the end of a row of vines so that horses would turn around without breaking off the last vine stock in the row. Some properties, like the Domaine Fondugues-Pradugues, have begun using horses once again. Unlike machines, they can work easily within the narrow gaps between the rows of vines. The return to an age-old tradition lends a touch of emotion and poetry to the landscape.

Grand landscapes remain anchored and rooted in a natural, non-industrial landscape. They must stay on a human scale and preserve the traces of our civilization, so that future generations can be confident that the world might be ever-changing, but it will always be a place of well-being and open dialogue.

Le paysagiste s'invite dans le paysage, mas privé, Eygalières, 2023 / A landscaper in the landscape, private mas, Eygalières, 2023
page suivante — Une question d'échelle, domaine de Panéry, Pouzilhac, 2022 / next page — A question of scale, Panéry, Pouzilhac, 2022

Regard sur la Provence orientale, domaine de la Croix, Grasse, 2019 / A view of eastern Provence, Domaine de la Croix, Grasse, 2019

page précédente — Domaine de Fondugues-Pradugues, Ramatuelle, 2024 / previous page — Domaine de Fondugues-Pradugues, Ramatuelle, 2024
page de gauche — Cyprès ou coup de crayon ?, mas privé, Eygalières, 2023 / left — Cypress or pencil stroke? private mas, Eygalières, 2023
page suivante — Un accueil généreux, domaine de Panéry, Pouzilhac, 2022 / next page — A warm welcome, Panéry, Pouzilhac, 2022

Abreuvoir ou bain d'oiseau ?, jardin à Gstaad, Suisse, 2022 / Bird bath, Gstaad, Switzerland, 2022
page de droite — L'intimité s'ouvre à la montagne, hôtel *The Alpina*, Gstaad, Suisse, 2015 / right — Private moments in the mountains, The Alpina Hotel, Gstaad, Switzerland, 2015
page suivante — Hôtel *The Alpina*, Gstaad, Suisse, 2015 / next page — The Alpina Hotel, Gstaad, Switzerland, 2015

Un art de vivre épanoui

L'art de vivre selon Jean Mus a ses racines en Provence. Il faudrait l'exporter aux quatre coins du monde, car, soutient-il, c'est un art de vivre fondé sur le sentiment du bonheur.

Jean Mus's approach to the art de vivre, a life well lived, is deeply anchored in Provence. He firmly believes it should be exported worldwide because, he says, it is rooted in joy.

A life well lived

Lieux de délices

Parce que l'on passe le plus clair de son temps en plein air, tout contribue à renforcer l'impression de bien-être qu'on éprouve en arrivant sur n'importe quel rivage méditerranéen. Et c'est ce dialogue fertile entre intérieur et extérieur, ombre et lumière, qui transforme l'existence. Quel que soit leur style, mas et villas reflètent une harmonie secrète, car la moindre parcelle de jardin devient souvent en une pièce à vivre qui rassemble toute la famille. Ouvertes sur la mer, sur la campagne, sur une terrasse ombragée ou même un patio, les maisons se vivent comme une suite d'échanges à peine interrompus entre l'homme et la nature. Immense ou intime, le jardin est refuge, un lieu de plaisir, d'insouciance et de liberté. « À ces qualités, souligne Jean Mus, il faudrait ajouter la gourmandise ! Qui n'a pas succombé à la saveur voluptueuse d'une poignée de cerises, d'une tomate ou d'un brugnon cueillis le matin même dans l'enclos d'un jardin ? »

Sur tout le pourtour de la Méditerranée, le jardin est aussi un lieu de délices où l'on se réunit entre amis pour goûter de savoureux mets élaborés avec les fruits et légumes cultivés, au mieux, à proximité. Verger et potager font partie des commandes que le jardinier accepte volontiers. Clos par des haies vives ou des arches de jasmin, ces endroits revisités par Jean Mus célèbrent les retrouvailles de l'homme avec une nature bienfaisante et nourricière. Comme c'est le cas dans une villa privée à Sainte-Maxime, où une serre protège les cultures des vents et des embruns. Mais le plus souvent, des carrés parfois soulignés de myrtes apportent à chaque saison leur lot de petits bonheurs gourmands. Et, en ultime cadeau pour le jardinier, ils lui offrent l'enivrant parfum des agrumes en fleurs, le subtil bouquet des aromates et la douceur poivrée des feuilles de menthe. Quand il dessine un potager, Jean Mus pense à son ami Alain Ducasse, le chef le plus étoilé au monde, et à leurs promenades dans le jardin de la bastide de Moustiers. Pour Alain Ducasse, la gastronomie est une affaire de goût, d'authenticité, de générosité, de précision et d'émotion. Mais aussi de rigueur, car le talent va de pair avec la mise en valeur de légumes cultivés avec soin dans un milieu naturel.

A delight for the senses

In Provence, people spend most of their time outside. Open-air living adds to the sense of wellbeing that we all feel when arriving on the shores of the Mediterranean. The rich dialogue between inside and outside, light and shade, has a transformative power. Whatever their style, traditional farmhouse or modern villa, the houses of Provence share a secret harmony where even a tiny scrap of land adds an extra outdoor room for the family. These homes, looking out over the sea or the countryside, offer beautiful views from a shady terrace or a patio. They encourage an ongoing conversation between people and their natural surroundings. Big or small, gardens are a refuge, a space for carefree enjoyment and shaking off expectations. "And then", Jean Mus smiles, "there's all the delicious produce! Who can say they've never given in to the temptation of a handful of perfectly ripe cherries, a fresh tomato, or a nectarine plucked from the tree that very morning?"

All around the Mediterranean, gardens are places of sensory delight, where friends come together to indulge in delicious food made with local produce. Jean Mus is always pleased to be tasked with planting an orchard of fruit trees or a vegetable patch. He puts his own spin on them, ringing them with living fences and arches of trailing jasmine to honour the relationship between humans and nature, the generous provider. One such project was a private villa at Sainte-Maxime, where a greenhouse protects the tender plants from the wind and sea spray. In most cases, he plants simple patches bordered with myrtle to provide fresh produce all year round. As an extra gift for the gardener, he also presents the heady fragrance of citrus blossom, the subtle aroma of herbs and spices, and the peppery softness of mint. When designing a kitchen garden, Jean Mus always thinks of his friend Alain Ducasse, the world's most starred chef, and their strolls together at the bastide de Moustiers. Alain Ducasse defines gastronomy as a question of taste, authenticity, generosity, precision, emotion – and rigour. He knows that talent only shines when paired with the freshest of produce grown with loving care in a healthy natural environment.

Jeu de pots, hôtel *Paradis Pietrasanta*, Pietrasanta, Italie, 2020 / Garden pots, Paradis Pietrasanta Hotel, Pietrasanta, Italy, 2020
page précédente — Folie douce qui nous protège, villa privée, Cannes, 2023 / *previous page* — A touch of protective folly, private villa, Cannes, 2023

Retours du jardin, l'Azienda, Pietrasanta, Italie, 2022 / Bounty from the garden, the Azienda, Pietrasanta, Italy, 2022

Un propriétaire épanoui, l'Azienda, Pietrasanta, Italie, 2022 / One satisfied owner, the Azienda, Pietrasanta, Italy, 2022

Les ressources du chef, hôtel *La Bastide Moustiers*, Moustiers-Sainte-Marie, 2024 / The chef's natural pantry, La Bastide Moustiers Hotel, Moustiers-Sainte-Marie, 2024
page de droite — La maison verte, villa privée, Sainte-Maxime, 2018 / right — The green house, private villa, Sainte-Maxime, 2018

En compagnie d'amis fidèles

Après le déjeuner ou une matinée en pleine lumière nous attend, selon Jean Mus, le moment le plus délicieux de la journée : l'heure de la sieste ou du repos. Pour passer d'un soleil de plomb à la pénombre, il prévoit la voûte rafraîchissante d'une pergola, d'une tonnelle ou d'une treille, qu'il habille de glycine, de vigne ou de rosiers Banks. Alors, le silence à peine rompu par les stridulations des cigales l'encourage à la lecture d'un livre favori ou bien à fermer les yeux, le temps d'un rêve.

Parce qu'ils sont des guides exemplaires au sein d'un jardin, les animaux sont les bienvenus. Jean Mus aime citer Colette, dont le rapport avec la nature, qu'elle soit faune ou flore, est le fil rouge de son œuvre. Avec fierté, elle s'avoue être restée paysanne. Tout comme Jean Mus, qui partage sa sensualité et son amour pour le vivant. Du simple poisson rouge au chat de gouttière ou au caniche royal, en passant par le hérisson ou la tortue, la compagnie des bêtes réserve des surprises riches en enseignement. Quoi de plus distrayant – et, parfois, de terrifiant – que de suivre un chat dans un jardin ? Traquant une fourmi, un lézard, une souris, et de temps à autre, hélas, un oiseau, il nous émerveille par sa splendeur et sa cruauté. Moins grisé par cet espace de liberté qu'est le jardin, le chien, adorateur servile, monte la garde avec bravoure et ne s'y aventure que pour accompagner son maître.

Faithful friends

After a morning and lunch spent basking in bright sunlight comes the finest moment of the day for Jean Mus: siesta time. To protect against the glare of the sun at its height, he includes cool, shady spaces – a pergola, arbour, or trellis draped with wisteria, vines, or rambling roses like Lady Banks, a firm favourite of his. The quiet afternoon hours, when the only sound is the chirping of the cicadas, are perfect for reading or simply closing your eyes and drifting into a dream.

Animals are always welcome: they have much to tell us about the state of our gardens. Jean Mus is fond of quoting the author Colette, whose many books often refer to the kinship between man and the natural world. She often said she was proud to have remained a country girl at heart. Jean Mus shares her affinity with nature and her love of all living things. From goldfish in a pond to hedgehogs, tortoises, feral cats and royal poodles, animals have much to teach us. What could be more entertaining, and at times terrifying, than following a cat through a garden? Watch as it hunts down an ant, a lizard, a mouse, or a bird. It is an impressive sight, splendid yet cruel. Dogs tend to be less enthusiastic about the garden – it offers them less liberty than it does for cats – but they remain faithful to their masters, standing guard bravely and protecting their property.

La transparence des feuillages, villa privée, Cannes, 2023 / Light playing in leaves, private villa, Cannes, 2023

Conversation en perspective, villa privée, Châteauneuf-Grasse, 2025 / Conversation with a view, private villa, Châteauneuf-Grasse, 2025

page suivante — La Dolce Vita, hôtel *Paradis Pietrasanta*, Pietrasanta, Italie, 2020 / next page — La Dolce Vita, Paradis Pietrasanta Hotel, Pietrasanta, Italy, 2020

Repos à l'ombre, villa privée, Théoule-sur-Mer, 2020 / A shady nook for resting, private villa, Théoule-sur-Mer, 2020

Rencontre chanceuse, villa privée, Théoule-sur-Mer, 2020 / Lucky encounter, private villa, Théoule-sur-Mer, 2020
page de droite — Qui monte la garde ?, La Contenta, Grasse, 2025 / right — Who stands guard? La Contenta, Grasse, 2025

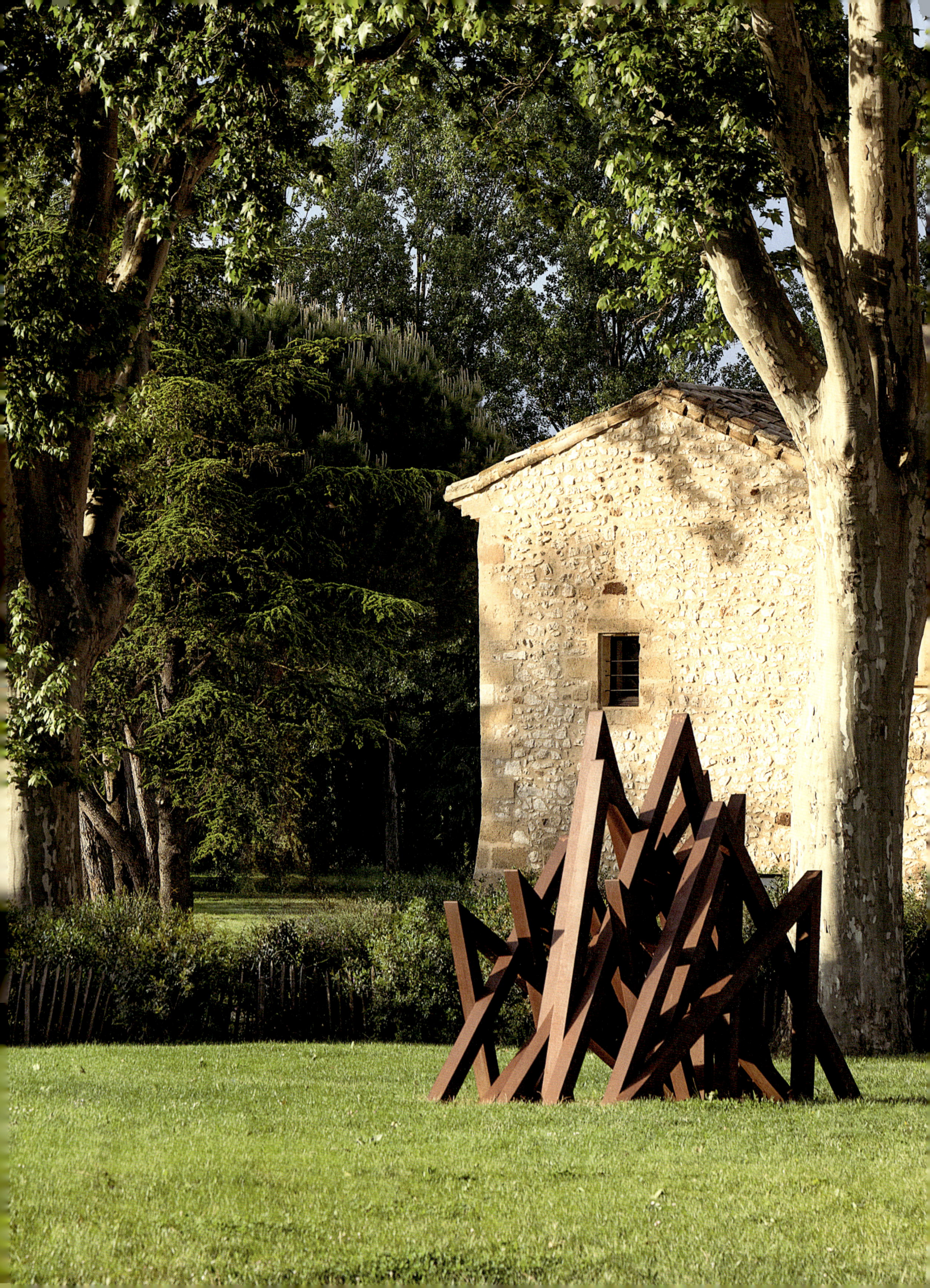

Le temps long de la création

Les œuvres d'art trouvent un écrin idéal au jardin. Parfois sous la forme d'un champignon géant ou d'une Vénus de marbre, elles contribuent à exalter la dimension culturelle du jardin. Une complicité sans limite doit réunir artiste et paysagiste pour que la disposition des sculptures participe à l'harmonie des lieux et que chaque création soit en osmose avec le jardin. Alors, en unisson avec leur environnement, statue, fontaine ou bosquet semblent chuchoter : « Prenez le temps de vivre ! »

« Émerveillez-vous, conseille Jean Mus, et tenez-vous à l'écoute des êtres et des choses. Vibrez avec les arbres et les plantes de votre jardin ; laissez-vous gagner par le magnétisme de l'eau et réveillez en vous cette mystérieuse connivence avec la nature. Aimez et cultivez votre jardin ! »

Et, avec sa belle voix aux chaudes intonations, il nous rappelle que, sur ces terres mythiques où l'Histoire et la légende se confondent, le temps s'écoule différemment au jardin. Avec plénitude, avec lenteur, avec bonheur.

Taking the time to create

Works of art are at their finest in a garden. Giant mushroom or marble Venus, sculptures bring a welcome touch of refinement and culture to outdoor spaces. The artist and the garden designer must share a single vision to place the sculptures in a manner that enhances the harmonious atmosphere and sets each creation off like a jewel in a case. The plants, statue, fountain, and trees all seem to whisper together, "take the time to relax and enjoy us!"

"Develop your sense of wonderment", Jean Mus advises, "and always listen out for what creatures and things are telling you. Hug a tree, talk to the plants. Enjoy the hypnotic splashing of the water and rediscover your mysterious inner bond with nature. Love and grow your garden!"

In his warm, soothing voice, he reminds us that here in Provence, a land of stories where history and legend come together, time flows differently in the garden. It is richer, slower, and full of joy.

Sculpture de Bernar Venet, *14 Acute. Unequal Angles*, domaine de Panéry, Pouzilhac, 2022 / Sculpture by Bernar Venet, *14 Acute. Unequal Angles*, Panéry, Pouzilhac, 2022
page suivante — Les artistes s'invitent au potager, l'Azienda, Pietrasanta, Italie, 2022 / next page — Kitchen garden art, the Azienda, Pietrasanta, Italy, 2022

ci-dessous et page de droite — Une sculpture qui change l'échelle, Carsten Höller, *Giant Multiple Mushroom*, villa privée, Saint-Tropez, 2020
below and right — An outsize sculpture, Carsten Höller, *Giant Multiple Mushroom*, private villa, Saint-Tropez, 2020

page suivante — Une blessure dorée, sculpture de Giuseppe Penone, *Arbre foudroyé*, villa privée, Saint-Tropez, 2020
next page — A golden wound, sculpture by Giuseppe Penone, *Arbre foudroyé*, private villa, Saint-Tropez, 2020

Invitation surprise, sculpture de Thomas Schütte, *Viertes Tier*, villa privée, Saint-Tropez, 2020
An unexpected invitation, sculpture by Thomas Schütte, *Viertes Tier*, private villa, Saint-Tropez, 2020

Celui qui plante un jardin plante le bonheur.
Proverbe chinois

Plant a garden: plant joy.
Chinese proverb

Remerciements

Le bonheur de vivre est pour moi un quotidien empreint de beauté, qui m'a permis d'être et de me retrouver.

Ce parcours fait d'enchantements n'aurait pu se réaliser sans la fidèle compagnie de mes complices, amis, artisans ou propriétaires, dont l'exigence m'a conduit sur le chemin des rêves.

Sans limite, j'ai la joie de partager ce livre avec Florence, ma fille, qui poursuit l'aventure, Dane McDowell, l'ombre des miracles, Matteo Carassale, au regard magique sur l'espace, Stéphanie Knoblich, l'âme même de la sensibilité, Diane Soudan, l'indispensable partenaire, Bruno Ricci, Guillaume Maurin, Yoann Fievet, Hélène Barret, Cédric Cabrera, Alexandre Genestar, Antoine Leclef, David Karp, Louana Lantheaume, Anthony Marie, Lucas Perez, João Vilhena, Jean-Claude Mus, Jean-Jacques Piasco, ainsi que l'ensemble des jardiniers qui m'ont accompagné et font vivre, jour après jour, les jardins que j'ai conçus…

Sans oublier ces incontournables que sont Olivier Ginon, le maître des événements, Dimitri Naïditch pour la musique, Alain Ducasse et Jacques Chibois pour les délices du palais, Jean-Claude Ellena, le nez qui interpelle, Daniel Benoin, le metteur en scène et Mingpo Cai pour son ouverture au monde inspirante.

Merci également à Skira, mon éditeur, ainsi qu'à son équipe : Nathalie Prat, Juliette Chambon, Diane de Noyelle, et Mathis Bécard.

Jean Mus

Acknowledgements

For me, a life of joy is all about bringing beauty into daily life, centring me and fostering a sense of well-being.

My journey has been filled with wonderment. It would have been very different without the faithful support of my friends, fellow gardeners, and landowners, whose exacting standards set me on the path of my dreams.

It is a pleasure and a privilege to share this book with many people: my daughter Florence, who is keeping the adventure alive, Dane McDowell, the shadow of miracles, Matteo Carassale with a magic eye for space, Stéphanie Knoblich, the soul of sensibility, Diane Soudan, my ride-or-die partner, Bruno Ricci, Guillaume Maurin, Yoann Fievet, Hélène Barret, Cédric Cabrera, Alexandre Genestar, David Karp, Louana Lantheaume, Anthony Marie, Lucas Perez, João Vilhena, Jean-Claude Mus, Jean-Jacques Piasco, as well as all the gardeners who have accompanied me and who, day after day, bring to life the gardens I have designed.…

The warmest of thanks also to Olivier Ginon, the master of events, Dimitri Naïditch for the music, Alain Ducasse and Jacques Chibois for their culinary delights, Jean-Claude Ellena, the smartest of noses, Daniel Benoin for his stagings, and Mingpo Cai for his inspiring openness to the world.

Thanks also to my publisher Skira and the whole team: Nathalie Prat, Juliette Chambon, Diane de Noyelle, and Mathis Bécard.

Jean Mus

Les incontournables de Jean Mus
Jean Mus's key partners

LES GRANDS JARDINIERS, ENTREPRENEURS ET PÉPINIÈRES
MAJOR GARDENERS, CONTRACTORS AND GARDEN CENTRES

—

Atrium Paysages
www.atrium-paysage.fr

Azur Paysage
www.azurpaysage.fr

Briac Entretien Jardins
www.instagram.com/briac_entretien_jardins/

Fredon Paysages
www.fredon-paysages.fr

Les Jardins de Gally
www.lesjardinsdegally.com

PEC Paysage
www.pecpaysage.fr

Pépinières Daniel Soupe
www.pepinieres-soupe.com

Pépinières Gaudissart
www.pepinieres-gaudissart.fr

Pépinières Vannucci Piante
www.vannuccipiante.it

Pinson Paysage
www.pinson-paysage.com

Provence Jardin
www.provencejardin.fr

Thodoris Antemisaris
www.antemisaris group.gr

LES MAÎTRES DU MINÉRAL, DE LA MAÇONNERIE DE JARDIN
MASTERS OF STONEWORK AND GARDEN MASONRY

—

Arahmi & Cie, Nice (France)

Eurizon, Sanremo (Italie/Italy)

Le Petit Atelier
www.le-petit-atelier.fr

LA FONTAINERIE, LA PISCINE, L'ARROSAGE
FOUNTAINS, SWIMMING POOLS, WATERING SYSTEM

—

Delattre
www.arrosage-delattre.com

Riviera Pool Concept
www.rivierapoolconcept.fr

TVS Schwartz
www.tvs-schwartz.com

LES SPÉCIALISTES DE LA LUMIÈRE
LIGHTING SPECIALISTS

—

Ignot'Elec, Auribeau-sur-Siagne (France)

Vernassa
www.vernassa.fr

LE TRAVAIL DU BOIS
WOODWORKING

—

Ateliers Reynier
www.ateliers-reynier.com

LA FERRONNERIE D'ART
ARTISTIC IRONWORK

—

Ferronnerie d'art Azur
www.ferronneriedartazur.fr

Jérôme Favier, Saint-Étienne-du-Grès (France)

LES MAÎTRES POTIERS
MASTER POTTERS

—

Les Pots d'Uzès
www.lespotsduzes.com

Poggi Ugo
www.poggiugo.it

Poterie Ravel
www.poterie-ravel.com

LES ARCHITECTES ET LES DÉCORATEURS
ARCHITECTS AND INTERIOR DESIGNERS

—

Atelier Cos
www.ateliercos.com

Chaletbau Matti
www.chaletbaumatti.ch

India Mahdavi
www.india-mahdavi.com

Jacques Grange
www.interiorsicons.com

Pierre-Yves Rochon
www.pyr-design.com

Sabrina Monte Carlo
www.sabrinamontecarlo.com

Wilmotte & Associés
www.wilmotte.com

ATELIER JEAN MUS & COMPAGNIE
2, place des Puits
06530 Cabris
www.jeanmus.fr

Coordination éditoriale
Editorial coordination
Florence Mus
Diane Soudan

ÉDITIONS SKIRA PARIS
14, rue Serpente
75006 Paris
www.skira-arte.com

Responsable des éditions
Editorial management
Nathalie Prat-Couadau

Responsable éditoriale du projet
Project manager
Juliette Chambon

Responsable de projets éditoriaux
et chargée de développement commercial
Commercial and Editorial project manager
Irène Rodriguez

Éditrice junior
Junior editor
Roxanne Rebours

Assistante éditoriale
Editorial assistant
Léonie Forey (stagiaire / intern)

Graphisme
Graphic design
Diane de Noyelle
Mathis Bécard

Traduction
Translation
Susan Pickford

Relecture
Copyediting and proofreading
FR – Sandrine Decroix
EN – Timothy Stroud

Photogravure
Colour separation
Litho Art New

CRÉDITS / CREDITS

Couverture
Cover, pp. 4, 22, 44, 56, 82, 106, 156, 178
Henri Matisse, *Le Bonheur de vivre* (détails / details), 1905-1906

Photographies
Photographs
Matteo Carassale

Pages intérieures
Interior pages
P. 51 — Réalisation du *torii*, Nathalie Rouvier de Saint Étienne dite Gary, Gary©adagp, Paris2025 / Working on the *torii*, Nathalie Rouvier de Saint Étienne AKA Gary, Gary©adagp, Paris2025

Pp. 116-118 — Réalisation des éléphants Nathalie Rouvier de Saint Étienne dite Gary, Gary©adagp, Paris2025 / Elephants by Nathalie Rouvier de Saint Étienne AKA Gary, Gary©adagp, Paris2025

Pp. 126-127 — Création du Pool House, India Mahdavi / Pool House created by India Mahdavi

ISBN 978-2-37074-272-8
© Éditions Skira Paris, 2025
© Jean Mus & Compagnie, 2025

Tous droits réservés.
Aucune partie de cette publication ne peut être reproduite, archivée ou transmise sous quelque forme ou par quelque moyen que ce soit, électronique, mécanique, par photocopie ou autre, sans l'autorisation préalable de l'éditeur.

All rights reserved.
No part of this publication may be reproduced, stored in a retrieval system or transmitted, in any form or by any means, electronic, mechanical, photocopying, recording or otherwise, without the prior permission of the publisher.

Cet ouvrage a été imprimé sur un papier certifié FSC et toutes les étapes de sa fabrication ont respecté cette certification qui encourage une gestion écologiquement adaptée, socialement bénéfique et économiquement viable des forêts de la planète, à travers des matériaux issus de forêts bien gérées, de matériaux recyclés et de matériaux issus d'autres sources contrôlées. www.fsc.org

This book has been printed on FSC-certified paper, and all stages of its manufacture have complied with this certification, which supports the environmentally appropriate, socially beneficial and economically viable management of the world's forests, using materials from well-managed forests, recycled materials and other controlled sources. www.fsc.org

Achevé d'imprimer en novembre 2025 sur les presses de Graphius à Gand, Belgique.
Dépôt légal décembre 2025.

Printed in November 2025 by Graphius, Ghent, Belgium.
Legal deposit December 2025.